Von Weihnachtsduft und Strohsternschmuck

Eine nostalgische Reise in die Adventszeit

Pattloch

Eine Reise durch den Advent

Erinnern Sie sich auch noch gerne an die Adventszeit und das Weihnachten in Ihrer Kindheit? An das Spielen und Toben im Schnee, den es damals gefühlt in jedem Winter gab, an die Adventsrituale in der Familie, das gemeinsame Singen um den Adventskranz, das Backen und Basteln – und den ganz besonderen Weihnachtsduft aus Tannengrün, Wachskerzen und Plätzchenteig, der das ganze Haus erfüllte?

In unserer Erinnerung verlief der Advent früher ein wenig ruhiger, weniger hektisch und stressig, dafür aber reicher an persönlichen Begegnungen und innigen Momenten. Und obwohl es nicht immer „gute" Zeiten waren, spüren wir bis heute ein Gefühl der Wärme, Geborgenheit und Dankbarkeit für die Weihnachtszeit in unserer Kindheit.

Von den entbehrungsreichen Kriegs- und Nachkriegsjahren über die prosperierenden Wirtschaftswunderjahre bis hin zu den üppigen 1970er Jahren führt unsere Reise durch den Advent. Von Nord nach Süd und Ost nach West spüren wir Adventbräuchen unserer Kindheit nach: Wie erlebten wir Nikolaus? Welche Weihnachtslieder wurden gesungen? Wie vertrieben wir uns die Zeit bis zur heißersehnten Bescherung?

Mit vielen lebendigen Erinnerungen von Zeitzeuginnen und Zeitzeugen, alten Rezepten und interessanten Themen rund um Weihnachten soll Ihnen dieses Buch Vorfreude auf Weihnachten schenken und Sie dazu ermuntern, in Ihren Erinnerungen zu schwelgen und vielleicht ja sogar Ihren Kindern und Enkelkindern davon zu erzählen.

Viel Vergnügen dabei!

1. Advent

Vorfreude auf Weihnachten

Ein Kind – von einem Schiefertafel-Schwämmchen
umhüpft – rennt froh durch mein Gemüt.
Bald ist es Weihnacht! – Wenn der Christbaum blüht,
dann blüht er Flämmchen.
Und Flämmchen heizen. Und die Wärme stimmt
uns mild. – Es werden Lieder, Düfte fächeln. –
Wer nicht mehr Flämmchen hat, wem nur noch Fünkchen glimmt,
wird dann noch gütig lächeln.
Wenn wir im Traume eines ewigen Traumes
alle unfeindlich sind – einmal im Jahr! –
uns alle Kinder fühlen eines Baumes.
Wie es sein soll, wie's allen einmal war.

JOACHIM RINGELNATZ (1883–1934)

Advent

Nun geht ein Freuen durch die Welt,
nicht laut, nein, köstlich still,
das allerorts sein Licht hinstellt,
weil Christkind kommen will.

Marie Feesche (1871–1950)

Advent, Advent, ein Lichtlein brennt ...

Am ersten Advent entzünden wir die erste Kerze auf dem Adventskranz – früher wie heute. Damit beginnt die Zeit der Vorbereitung auf Christi Geburt, die wir an Weihnachten feiern. Die Bezeichnung Advent kommt vom lateinischen *adventus,* was „Ankunft" bedeutet. Wir erwarten die Ankunft Christi. In der katholischen wie evangelischen Kirche beginnt am ersten Advent das neue Kirchenjahr.

Wenn wir heute über die üppigen Weihnachtsmärkte streifen und Weihnachtsgebäck schon im Spätsommer die Regale der Supermärkte füllt, können wir uns kaum mehr vorstellen, dass die Adventszeit ursprünglich eine Zeit des Fastens und der Buße war. Eine Zeit des Verzichts, aber auch der Besinnung, des Innehaltens und des Miteinanders. Und vielleicht machte gerade der Mangel an Konsumgütern, den die meisten noch bis weit in die 1950er Jahre spürten, das freudig erwartete Weihnachtsfest noch schöner und intensiver –

denn dann gab es doch ein paar bescheidene Geschenke und ein Festmahl, auch wenn es oft „nur" aus Würstchen mit Kartoffelsalat bestand.

Als wir Kinder waren, bedeutete die Adventszeit aber vor allem Warten, Warten auf das Christkind oder den Weihnachtsmann, und eine unbändige Vorfreude auf das Fest. Um die Zeit bis Heiligabend auszufüllen, gab es liebgewonnene Rituale wie das gemeinsame Singen von Weihnachtsliedern, das tägliche Öffnen eines Türchens im Adventskalender oder das Helfen beim Plätzchenbacken. Gar nicht so anders als heute. Aber warum bekommen wir auch jetzt noch glänzende Augen und ein Gefühl von Wärme und Geborgenheit, wenn wir an die Vorweihnachtszeit unserer Kindheit denken? Vielleicht, weil früher die Essenz des Advents deutlicher spürbar war – Besinnlichkeit, Ruhe und Innehalten, das Beisammensein in der Familie und die Dankbarkeit für das Wenige, das man hatte.

Der Adventskalender: jeden Tag eine kleine Adventsfreude

Erinnern Sie sich noch an Ihren Adventskalender aus Kindertagen? An das Kribbeln und die Vorfreude, an jedem Dezembermorgen wieder ein Türchen zu öffnen? Und das beruhigende Gefühl, dass Heiligabend wieder einen Tag näher gerückt war?

Die meisten von uns hatten wahrscheinlich einen liebevoll illustrierten Wandkalender mit 24 Türchen. Wir freuten uns über die reizenden, einfachen Weihnachtsmotive, ganz besonders an Heiligabend, wenn als Höhepunkt eine Krippe oder das Christkind höchstpersönlich hinter dem Türchen zum Vorschein kam. Und dann war die Bescherung ja auch schon ganz nah.

Die ersten Formen des Adventskalenders entstanden Mitte des 19. Jahrhunderts. Zum Beispiel malte man damals 24 Kreidestriche an die Wand und die Kinder duften jeden Tag einen wegwischen. Oder man klebte 24 Bilder an Wand oder Fenster – jeden Tag eines bis Heiligabend. Den ersten, wenn man so will, Do-it-yourself-Adventskalender mit Motiven zum Ausschneiden und Aufkleben druckte der Verleger Gerhard Lang Anfang des 20. Jahrhunderts. Und ab 1920 setzten sich dann die klassischen Türchen-Adventskalender, wie wir sie kennen, durch. Der erste Schokoladenadventskalender wurde übrigens erst im Jahr 1958 verkauft.

Pünktlich am 1. Dezember hing für jedes von uns Kindern ein Adventskalender an der Wand. Nun öffneten wir jeden Morgen – noch im Nachthemd – eines der 24 Türchen und zählten die Tage bis Weihnachten. Damals fand man hinter den Türchen weder Schokolade noch winzig kleines Spielzeug wie heute. Auf unseren Kalendern war hinter jedem Türchen nur eine bunte Abbildung: ein Pfefferkuchenmann, ein Stern, ein Schaukelpferd, ein Engel oder anderes. Dennoch freuten wir uns sehr und erzählten allen mehrmals, was wir heute im Türchen vorgefunden hatten.

Die Adventskalender zeigten zu jener Zeit Winter- und Weihnachtsszenen. Da war zum Beispiel ein geschmückter Tannenbaum zu sehen, unter dem viele Geschenke lagen, oder aber man sah in die hell erleuchteten Fenster eines Hauses hinein. Innen erblickte man eine versammelte Familie, während vor der Haustür gerade der Weihnachtsmann mit einem Sack voller Geschenke ankam. Manchmal war es auch ein Bild aus dem Himmel: Das Christkind war von vielen kleinen Engeln umgeben und alle packten Spielsachen ein. Oder man schaute direkt in die Werkstatt des Weihnachtsmannes, wo Zwerge fleißig Spielzeug anfertigten, zusammenschraubten und bemalten. Besonders begehrt waren jene Adventskalender, die mit Glitzer bzw. Silberglitter bestreut waren, welche im Licht glänzten und funkelten.

aus: Erika Arnholdt: Adventszeit (Altenrode, Landkreis Goslar, Harz, 1953–1963)

Typischer Adventsschmuck von damals – auch heute noch beliebt

Der Adventskranz – Kerzenschein und Tannenduft

Draußen die vor dem Fenster tanzenden Flocken, in der warmen Stube alle um den Tisch versammelt, gemeinsam Weihnachtslieder singen, Weihnachtsgeschichten lauschen – so verbrachten wir früher unsere Adventssonntage. Im Mittelpunkt stand dabei natürlich der Adventskranz, der so gut nach Tannen und Kerzenwachs duftete und ein warmes Licht verbreitete. Da fühlten wir uns geborgen und daheim, egal wie beschwerlich der Alltag auch oft war.

Die Tradition, einen Adventskranz aufzustellen, ist gar nicht so alt. 1839 erfand Heinrich Wichern, evangelischer Theologe und Gründer der Inneren Mission, in Hamburg einen Vorläufer. Um den Schützlingen seiner Erziehungsanstalt das Warten bis Weihnachten zu verschönern, setzte er auf ein großes Wagenrad kleine rote Kerzen für die Wochentage und große weiße Kerzen für die Adventssonntage. Bis Heiligabend wurde jeden Tag eine Kerze angezündet. Das Kerzenlicht symbolisierte dabei Jesus Christus, der Licht und Leben in die Welt hinausträgt. Später erst entwickelte sich eine Version mit Tannengrün und in den 20er Jahren des 20. Jahrhunderts entstanden die ersten Adventskränze für den Hausgebrauch – mit reichlich duftenden Fichten- oder Tannenzweigen und nur noch vier Kerzen. Vom protestantischen Norden ausgehend wurde der Adventskranz im Laufe der Zeit auch im katholischen Süddeutschland beliebt und ist bis heute für uns das Symbol für den Advent schlechthin.

Tipp

Einen Adventskranz selbst zu binden ist gar nicht so schwer. Im Internet, vor allem auf YouTube, gibt es zahlreiche Anleitungen für historische und moderne Varianten.

Kletzen- oder Hutzelbrot

Was den Ostdeutschen ihr Stollen ist, ist den Bayern, Schwaben und Österreichern ihr Kletzen- oder Hutzelbrot. Das traditionelle Früchtebrot, das seine Wurzeln im Mittelalter hat, wurde ursprünglich aus Kletzen (samt Schale getrocknete Birnen) oder Hutzeln (feinere Dörrbirnen ohne Schale) hergestellt. Ganz ohne zusätzlichen Zucker. Später kamen dann noch Rosinen, Feigen, Datteln und anderes Dörrobst hinzu. Traditionell wurde es am Tag des Hl. Andreas (30. November) gebacken und gerne an Hausangestellte und Patenkinder verschenkt.

Zutaten

Für die Füllung:

* 250 g Dörrbirnen/Kletzen
* 250 g Dörrpflaumen
* 250 g Feigen
* 250 g Rosinen
* 100 g Orangeat
* 150 g Hasel- oder Walnüsse
* 1 TL Zimtpulver
* 1 TL gemahlene Gewürznelken
* 1 TL gemahlener Anis
* 1 Schuss Rum

Für den Teig:

* 500 g Weizenmehl
* 500 g Roggenmehl
* 2 TL Salz
* 1 TL Brotgewürz
* 42 g Frischhefe (1 Würfel)
* 650 ml lauwarmes Wasser

* 1 Ei zum Bestreichen der Kletzenlaibe

Am Backtag

1. Am Backtag aus den angegebenen Zutaten einen Hefeteig zubereiten, gut kneten und mindestens eine Stunde an einem warmen Ort gehen lassen.

2. Danach mit der Früchtemasse mischen und alles zusammen noch einmal eine Stunde gehen lassen.

3. Anschließend Brotlaibe formen und mit dem verquirlten Ei bestreichen.

4. Bei 180 °C Ober- und Unterhitze ungefähr eine Stunde lang backen.

5. Das Kletzenbrot in Pergamentpapier einschlagen und an einem kühlen Ort lagern. Es hält sich mehrere Wochen lang.

Zubereitung

Am Vorabend

1. Am Vorabend des Backtags die Dörrbirnen (Kletzen) ca. 20–30 Minuten kochen.

2. Dann die weichen Dörrbirnen, Pflaumen und Feigen kleinschneiden.

3. Die Früchte mit den Rosinen, dem gehackten Orangeat und den grob gehackten Nüssen vermischen.

4. Mit den Gewürzen und einem Schuss Rum verfeinern und die Masse über Nacht ruhen lassen.

Wir sagen euch an den lieben Advent

Wir sagen euch an den lieben Advent.
Sehet, die erste Kerze brennt!
Wir sagen euch an eine heilige Zeit.
Machet dem Herrn den Weg bereit!
Freut euch, ihr Christen! Freuet euch sehr.
Schon ist nahe der Herr.

Wir sagen euch an den lieben Advent.
Sehet, die zweite Kerze brennt.
So nehmet euch eins um das andere an,
wie auch der Herr an uns getan!
Freut euch, ihr Christen! Freuet euch sehr.
Schon ist nahe der Herr.

Wir sagen euch an den lieben Advent.
Sehet, die dritte Kerze brennt.
Nun tragt eurer Güte hellen Schein
weit in die dunkle Welt hinein.
Freut euch, ihr Christen! Freuet euch sehr.
Schon ist nahe der Herr.

Wir sagen euch an den lieben Advent.
Sehet, die vierte Kerze brennt.
Gott selber wird kommen, er zögert nicht.
Auf, auf, ihr Herzen, werdet licht.
Freut euch, ihr Christen! Freuet euch sehr.
Schon ist nahe der Herr.

MARIA FERSCHL (1895–1982)

Knospen an St. Barbara, sind zum Christfest Blüten da

Am 4. Dezember feiern wir den Namenstag der Hl. Barbara. Mit ihm eng verbunden ist der schöne Brauch des Schneidens von (Obst-)Baum- und Strauchzweigen, den sogenannten Barbarazweigen, die an Weihnachten erblühen sollen. Früher war diese Tradition gerade in ländlichen Gegenden weit verbreitet, unsere Großeltern oder Eltern sahen ein gutes Omen für das neue Jahr, wenn die Zweige zum Weihnachtsfest blühten: sei es für das Wetter, eine reiche Ernte oder sogar für eine Verlobung oder Hochzeit.

Um die Entstehung des Brauchs rankt sich die Legende der Hl. Barbara. Auf dem Weg ins Gefängnis – sie war zum Tode verurteilt, weil sie ihrem christlichen Glauben nicht abschwor – verfing sich ein Kirschbaumzweig im Gewand der Märtyrerin. Barbara stellte ihn in eine Vase in ihrer Zelle und er erblühte am Tag ihrer Hinrichtung. Wahrscheinlich hat aber die Tradition noch viel ältere Wurzeln – nämlich im Ritus der germanischen Lebensrute, einem uralten Orakelbrauch.

Möchten Sie vielleicht diese schöne Tradition wieder aufleben lassen? Dann sollten Sie Folgendes beachten, damit sich die Chancen auf ein blütenreiches Weihnachtsfest erhöhen:

* Neben Kirschbaumzweigen eignen sich auch andere Obstbaumsorten wie Apfel, Birne, Pflaume, aber auch Forsythie, Rosskastanie, Flieder, Linde oder Weide.
* Wenn es noch keinen Frost gegeben hat, legen Sie die Zweige für 24 Stunden ins Gefrierfach zum „Schockfrosten".
* Danach legen Sie sie über Nacht in lauwarmes Wasser.
* Dann stellen Sie die Zweige in eine Vase an einen hellen, warmen, aber nicht überheizten Platz.
* Wechseln Sie alle drei Tage das Wasser. Ein Schnittblumendünger kann auch nicht schaden.

Und dann heißt es geduldig sein, bis am Weihnachtstag hoffentlich alle Knospen erblühen.

Von drauß' vom Walde komm ich her ...

Alle Kinder fiebern dem 6. Dezember in der Vorweihnachtszeit erwartungsvoll entgegen – denn dann kommt der Nikolaus. In unseren Kindertagen war das oft noch nicht der Weihnachtsmann mit seinem roten Mantel, sondern der ganz in Gold gewandte Heilige Nikolaus mit Mitra und Bischofsstab. Schon Tage vorher lernten wir Weihnachtsgedichte oder Gebete auswendig. Denn der Nikolaus wollte sehen, dass wir brave und fleißige Kinder waren.

Egal ob wir ihn Nikolaus oder Weihnachtsmann nennen – wir verbanden ihn als Kinder mit gemischten Gefühlen: einerseits mit Vorfreude auf die Geschenke, andererseits mit einem gewissen Unbehagen. Denn der freundliche und gütige Nikolaus hatte oft auch einen schaurigen, kettenrasselnden Begleiter, den

Krampus oder Knecht Ruprecht, mit dabei. Waren wir auch artig genug das Jahr über? Würde er uns in den Sack stecken oder gar mit der Rute den Hosenboden versohlen? Meistens war es dann aber nicht so schlimm, wie wir es uns ausgemalt hatten, denn wenn wir unser einstudiertes Gedicht einigermaßen flüssig aufsagen konnten, warteten warme Worte und eine Nikolaustüte mit allerhand Leckereien auf uns. Uns fiel ein Stein vom Herzen und wir hatten strahlende Augen.

In einigen Gebieten Deutschlands war es auch Brauch, am Vorabend des Nikolaustags die blank gewienerten Stiefel vor die Tür zu stellen. Und siehe da, am nächsten Morgen waren sie mit allerlei Nüssen, Äpfeln und vielleicht sogar etwas Schokolade oder Lebkuchen gefüllt.

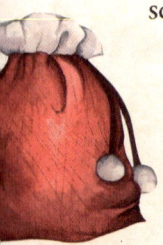

Lasst uns froh und munter sein

Lasst uns froh und munter sein
und uns recht von Herzen freun!
Lustig, lustig, traleralala,
bald ist Nikolausabend da,
bald ist Nikolausabend da!

Bald ist uns're Schule aus,
dann ziehn wir vergnügt nach Haus.
Lustig, lustig, traleralala,
bald ist Nikolausabend da,
bald ist Nikolausabend da!

Dann stell ich den Teller auf,
Nik'laus legt gewiss was drauf.
Lustig, lustig, traleralala,
bald ist Nikolausabend da,
bald ist Nikolausabend da!

Steht der Teller auf dem Tisch,
sing ich nochmals froh und frisch:
Lustig, lustig, traleralala,
bald ist Nikolausabend da,
bald ist Nikolausabend da!

Wenn ich schlaf, dann träume ich:
Jetzt bringt Nik'laus was für mich.
Lustig, lustig, traleralala,
bald ist Nikolausabend da,
bald ist Nikolausabend da!

Wenn ich aufgestanden bin,
lauf ich schnell zum Teller hin.
Lustig, lustig, traleralala,
bald ist Nikolausabend da,
bald ist Nikolausabend da!

Nik'laus ist ein guter Mann,
dem man nicht g'nug danken kann.
Lustig, lustig, traleralala,
bald ist Nikolausabend da,
bald ist Nikolausabend da!

Der Nikolaus nun, der so groß wie der Türrahmen war, wedelte mit seiner Rute zwischen ihr und mir, die wir zusammen auf dem Sofa saßen, furchterregend hin und her und grummelte mir Schwerverständliches entgegen, bevor er die Tür hinter sich zuschlug. Nach dem Schreck lief ich zu meinen Schuhen. Meine Freude über Äpfel, Nüsse und Pfefferkuchen war nicht zu übertreffen. Wie ich später erfuhr, hatte mein an sich schon sehr beleibter Onkel Otto unter dem roten Mantel gesteckt. Unter seine Schuhe hatte er sich Holzklötzer gebunden, damit es recht polterte und der Nikolaus mit seinem Auftreten mich noch mehr beeindruckte. Das war ihm gelungen.

aus: Birgit Schaube: Der blaue Pelikan (Mühlhausen, Thüringen, 1958–1966)

Mit lautem Gepolter und Gebimmel kam der Nikolaus die Treppe herauf. Alle rückten noch etwas näher zusammen und mitten in die Stube wurde ein weiterer Stuhl gestellt, auf dem der alte Geselle Platz nahm. [...]

Der Nikolaus hatte einen dicken roten Mantel an und trug einen dichten weißen Bart. Er hatte einen großen Sack mit Geschenken, aber auch eine Rute dabei. Meine Großmutter begrüßte ihn herzlich und reichte ihm die Schnapsflasche, aus der er sich erst mal einen großen Schluck gönnte. Schließlich hatte er ja einen weiten Weg hinter sich. Danach rief er einen nach dem anderen zu sich nach vorne. Die ängstlichen von uns Kindern hatten sich sicherheitshalber ganz nach hinten, zu ihren Müttern ver-zogen. Jeder von uns kam an die Reihe und sagte dem Nikolaus sein Sprüchlein auf. Mein Cousin Uwe hat uns immer alle übertrumpft, er konnte stets ein Gedicht mit ganz vielen Versen aufsagen. Ich habe ihn dafür damals sehr bewundert.

Der Nikolaus lobte aber auch die kurzen Gedichte. Verwunderlicherweise war er auch immer sehr gut im Bilde, was unsere Missetaten anging. Nur selten musste er mit seiner Rute drohen. Nachdem der Nikolaus uns Kindern das Versprechen auf Besserung abgenommen hatte, bekam jeder sein Geschenk aus dem großen Sack überreicht. [...]

Als er gegangen war, breitete sich unter uns Kindern eine große Erleichterung und Zufriedenheit aus, denn der Nikolaus war uns gnädig gestimmt gewesen. Er hatte uns alle beschenkt. Wir bekamen alle das Gleiche. In diesem Jahr waren es ein Sparschwein aus Porzellan, auf dem ein Fünfmarkstück festgeklebt war, und eine Tafel Schokolade.

aus: Petra Horn: Familien-Nikolausfest (Bad Grund, Niedersachsen, 1971)

Christstollen

Zutaten

- ❋ 350 g Rosinen
- ❋ 80 ml Rum
- ❋ 200 g gemischtes Orangeat und Zitronat (eher mehr Orangeat als Zitronat, je nach Geschmack)
- ❋ 100 g gehackte Mandeln
- ❋ 42 g Frischhefe (1 Würfel)
- ❋ 100 ml Milch
- ❋ 500 g Mehl
- ❋ 100 g Zucker
- ❋ 1 Päckchen Vanillezucker
- ❋ Abrieb von 1/2 unbehandelten Zitrone
- ❋ 1 TL Salz
- ❋ 1 TL Zimt
- ❋ ¼ TL gemahlene Nelken
- ❋ 25 g Honig
- ❋ 1 EL Rum
- ❋ 1 Eigelb
- ❋ 250 g Butter
- ❋ Butter zum Bestreichen
- ❋ 150 g Puderzucker

Zubereitung

Teig

Als Basis für den Christstollen dient ein verhältnismäßig schwerer Hefeteig mit viel Butter, damit er schön saftig wird. Natürlich dürfen die charakteristischen Rosinen nicht fehlen. Zimt und Nelkenpulver verleihen dem Teig sein weihnachtliches Aroma.

1. Schon am Vorabend die Rosinen in Rum einlegen. Zum Beispiel in einem Schraubglas. Über Nacht im Kühlschrank ziehen lassen.

2. Durchgezogene Rosinen abgießen und mit Orangeat, Zitronat und Mandeln in eine Schüssel geben und vermischen.

3. Hefe in Milch (Zimmertemperatur) auflösen. 100 g Mehl zugeben und vermengen. Mit einem Küchentuch abdecken und etwa eine Stunde gehen lassen.

4. Zucker, Vanillezucker, Zitronenschale, Gewürze, Honig, Rum und Eigelb dazugeben.

5. Anschließend das restliche Mehl und die Butter hinzugeben und alles zu einem Teig verkneten.

6. Die Rosinenmischung hinzugeben und eine weitere Stunde gehen lassen.

Stollen formen

1. Während der Weiterverarbeitung des Teiges den Ofen auf 150 °C (Ober- und Unterhitze) vorheizen.

2. Den Teig zu einem Rechteck ausrollen. Die langen Seiten einmal zur Mitte hin falten.

3. Mit einem schmalen Nudelholz eine Kerbe längs des Teiges eindrücken.

4. Eine Seite des Teiges nochmals in die Mitte umklappen, sodass er die andere Hälfte leicht überlappt und die typische Stollenform mit einer leichten Erhöhung in der Mitte erhält.

5. Nähte mit den Fingern ausbessern.

6. Stollen mit Backpapier auf ein Blech legen und bei 150 °C Ober- und Unterhitze für 60–70 Minuten backen.

Feinschliff

1. Wenn der Stollen aus dem Ofen kommt, sollte er goldbraun, aber nicht zu dunkel sein. Kurz abkühlen lassen und dann gleich großzügig mit geschmolzener Butter einpinseln.

2. Den buttrigen Stollen anschließend mit gesiebtem Puderzucker bestreuen.

3. Abkühlen lassen und gut verpackt, zum Beispiel in Frischhaltefolie, an einem kühlen Ort lagern und einige Tage durchziehen lassen.

Guten Appetit!

Stollen backen

Mit viel Mühe begannen wir schon Ende September damit, die Zutaten für die Weihnachtsbäckerei zusammenzutragen, die ein fester Bestandteil der Vorbereitungen auf das Fest war. Hauptsächlich standen die Schittchen, wie die Christstollen bei uns heißen, auf dem Programm. Meine Eltern stammten aus Thüringen und daher war dies eine liebgewonnene Tradition. Mit viel Mühe und Geduld wurden die Zutaten am Vorabend des Backtages, der immer ein Samstag war, vorbereitet. Rosinen, Mandeln, Zitronat und Orangeat wurden fein gehackt. Am Abend heizten wir die Küche schön warm und setzten in einer großen Backmolle, einem ovalen Holztrog, das Hefestück an. Den Duft und die Vorfreude auf diese Leckerei nahm ich mit in den Schlaf. Meine Mutti stellte sich den Wecker auf 4 Uhr, denn in aller Frühe musste der Teig verarbeitet werden, damit er rechtzeitig um 7 Uhr beim Bäcker abgegeben werden konnte, der ihn im großen Ofen buk. [...]

Gegen Mittag ging mein Vati mit einem großen runden Kuchenbrett die fertigen Backstücke abholen, die auf dem Heimweg mit einem Tuch abgedeckt waren. Sie waren mit kleinen angespitzten Metallschildchen, auf denen unser Name stand, versehen, um Verwechslungen mit anderen Kunden auszuschließen. Zu Hause wurden dann die Stollen mit zerlassener Butter bestrichen und dick mit Puderzucker bestäubt, um anschließend wenigstens für eine Woche abgedeckt auf dem Wäscheschrank im kühlen Elternschlafzimmer gelagert zu werden. Die ganze Wohnung duftete himmlisch danach.

aus: Birgit Schaube: Der blaue Pelikan (Mühlhausen, Thüringen, 1958–1966)

Weihnachtsmärkte – Christbaumschmuck, heiße Maroni und Glühweinduft

An kaum einem anderen Ort können wir mehr in die vorweihnachtliche Stimmung eintauchen als auf den Christkindl- und Weihnachtsmärkten. Der Duft von heißen Maroni, Bratwurst und gebrannten Mandeln umfängt uns, wir bestaunen den lichtergeschmückten Weihnachtsbaum, aus der Ferne spielt vielleicht sogar ein Bläserensemble weihnachtliche Weisen. Ganz ähnlich wie in unseren Kindertagen – obwohl es damals weniger kommerziell zuging, dafür etwas ruhiger und besinnlicher. Die Tradition der Weihnachtsmärkte lässt sich bis ins 13. Jahrhundert verfolgen. Damals stellten Bauern Stände an zentralen Plätzen der Stadt auf und boten –

meist am Tag vor oder an Heiligabend – ihre Lebensmittel feil, sodass die Bevölkerung alles Nötige für das Festmahl erwerben konnte. Später gesellten sich allerlei Handwerksbetriebe dazu, die von hölzernen Krippenfiguren über handgearbeiteten Christbaumschmuck, Spielzeug und Kerzen alle möglichen weihnachtlichen Dekorationen verkauften. Ab dem 19. Jahrhundert erhielten die Märkte ihr heutiges Gesicht – mit geschmückten Buden, kulinarischen Leckereien und einem Christbaum. Den ersten Glühwein schenkte übrigens ein Weinhändler 1956 auf dem Augsburger Weihnachtsmarkt aus. Bis heute ist er aus der Vorweihnachtszeit nicht mehr wegzudenken.

Filmtipp
Weihnachtsmärkte vor 50 Jahren
☞ BR, ARD-Mediathek

2. Advent

Der Winter 1945 begann bereits im November. Mit Dauerregen und Sturm hatte es angefangen, bis dann immer mehr Graupel und Schnee gefallen war. Eines Morgens rief unsere Mutter beim Wecken: „Guckt mal raus, es hat heute Nacht geschneit!" – Und tatsächlich, als meine Schwester und ich ans Fenster traten, sahen wir, dass draußen alles weiß geworden war. Eine dicke Schneeschicht lag auf allen Häusern, Wiesen, Hecken und Bäumen und der Gartenzaun trug kleine weiße Häubchen. Immer noch tanzten Schneeflocken langsam vom Himmel herab und es war merkwürdig still, so, als sei die ganze Welt in Watte gepackt. Es war sehr kalt geworden und an den Fensterscheiben waren wunderbare Eisblumen zu sehen, die in der Sonne glitzerten.

aus: Heinz Hellmich: Mein schönstes Weihnachtsfest
(Bad Fredeburg im Hochsauerland, 1945/1946)

Wenn ich morgens aufstand, waren die Fenster dick zugefroren und mit Eisblumen bedeckt. Welch herrliche Winteridylle! Ich betrachtete diese zarten Gebilde wie ein Bilderbuch und konnte mich so noch besser in das Märchen von der Schneekönigin hineinversetzen. Wollte ich aus dem Fenster sehen, hauchte ich die Scheiben an. So entstanden kleine Gucklöcher, durch die man hinaussehen konnte und die bald wieder zufroren.

aus: Christina Telker: Winterwunderland
(Bad Freienwalde, Brandenburg/DDR, 1952–1958)

Klirrende Kälte und knirschender Schnee unter den Füßen

Wenn wir uns an die Wintermonate unserer Kindheit erinnern, kommen uns sofort Bilder von turmhohen Schneebergen, gefrorenen Seen und riesigen Eiszapfen an den Hausdächern in den Sinn. Die filigranen Eisblumen an den Fenstern verzauberten uns schon am Morgen und halfen uns, aus dem Bett zu kommen. Denn das Schlafzimmer war nie geheizt und an ganz frostigen Tagen hatte sich manchmal sogar eine dünne Eisschicht unseres gefrorenen Atems auf die Bettdecke gelegt.

Auf dem Schulweg froren wir uns die Finger ab in den klammen, selbstgestrickten Wollhandschuhen, aber am Nachmittag warteten dann endlich die echten Wintervergnügen auf uns: eine wilde Schneeballschlacht, Schlittschuhlaufen, Schlittenfahren, einen Schneemann bauen. Wenn es langsam – schon am Nachmittag – dämmerte, kehrten wir durchgefroren, aber glücklich nach Hause zurück. Der Ofen in der Küche bollerte vor sich hin, wir bekamen eine heiße Tasse Kakao und tauten so langsam auf.

Ja, früher hatten wir noch richtige Winter, mit Massen an Schnee und eisigem Frost.

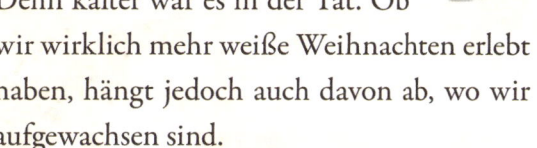

Vielleicht erinnern wir uns noch an die bitterkalten Kriegs- und Nachkriegswinter oder an den Frost-Winter 1962/63. Aber gab es früher wirklich flächendeckend mehr Schnee und Kälte? Die Statistik sagt ja und nein. Denn kälter war es in der Tat. Ob wir wirklich mehr weiße Weihnachten erlebt haben, hängt jedoch auch davon ab, wo wir aufgewachsen sind.

Aber eigentlich ist die Statistik auch nicht so wichtig, denn keiner kann uns unsere Erinnerungen an ein Winterwunderland nehmen, wenn es im Dezember herbstlich grau ist und Nieselregen fällt.

Filmtipps

Winter früher – Schnee und Kälte in den 60ern ☞ SWR, YouTube

Winter anno dazumal ☞ BR, ARD-Mediathek

Als die Winter noch kalt waren ☞ NDR, ARD-Mediathek

Die Weihnachtskrippe

In der Adventszeit oder kurz vor Heiligabend wurde es früher Zeit, die Weihnachtskrippe vom Dachboden zu holen und aufzustellen. Oft waren es Erbstücke, die aber immer wieder mit neuen Figuren ergänzt werden konnten. Es gab sie in allen möglichen Varianten, orientalisch anmutend oder in einer heimatlichen Bergkulisse. Es gab Krippen und Krippenfiguren aus Holz, Pappmaché, Papier, Wachs, Gips oder Ton. Der Fantasie waren kaum Grenzen gesetzt. Das Zentrum bildete natürlich die Heilige Familie mit Maria, Josef und dem Jesuskind, Ochs und Esel durften nicht fehlen, Engel und Hirten und manchmal sogar die Heiligen Drei Könige ergänzten die Szenerie. Egal aus welchem Material die Krippe gefertigt war, vor dem Aufstellen musste meist noch allerhand repariert werden: Die Schindeln des Stalls waren locker, das Moos verdorrt oder dem Esel fehlte ein Ohr. Die Reparatur war dann meist die Aufgabe des Großvaters oder Vaters. Je mehr handwerkliches Geschick sie an den Tag legten, desto prächtiger fiel die Ausstattung der Krippe aus. Manchmal gab es sogar ein batteriebetriebenes Licht, das den Stall erleuchtete, oder selbstgeschnitzte Krippenfiguren. Wer weniger geschickt war, kaufte die Figuren auf dem Weihnachtsmarkt. Die Aufgabe von uns Kindern war es, im Wald frisches Moos zu sammeln, das dann um die Krippe herum verteilt wurde.

Die Tradition von Weihnachtkrippen geht auf das 16. Jahrhundert zurück und ist damit viel älter als Christbäume. Bereits im 18. Jahrhundert gab es erste Hauskrippen, die sich aber zunächst nur wohlhabende Familien leisten konnten. Ab Mitte des 19. Jahrhunderts etablierte sich der Brauch auch in der einfachen Bevölkerung. Von Italien aus eroberte die Krippentradition zunächst Süddeutschland und dann auch den protestantischen Norden.

Tipp

Das Bayerische Nationalmuseum in München beherbergt eine der umfangreichsten und schönsten Krippenausstellungen der Welt. Unbedingt vorbeischauen!

Die Steinkrippe

Immer am dritten Adventsonntag kam der große Augenblick für unseren Großvater. Wie hatte er sich danach gesehnt, endlich wieder gebraucht zu werden! Dieses nutzlose Herumhängen im Winter war ihm ein Gräuel. Ja, das Jahr über konnte er sich nützlich machen im Garten und um das Haus herum, aber an den düsteren kalten Wintertagen war er nicht zu genießen. Meist saß er am Fenster, starrte hinaus und paffte dabei eine Pfeife nach der anderen und erzeugte dichte Qualmwolken aus selbstgezogenem Tabak. Kam jemand in seine Stube, so war Großvater kaum zu entdecken in dem grauen Nebelmeer. [...] Nun aber, so wenige Tage vor dem wichtigen Ereignis, hielt es ihn nicht auf seinem Platz am Fenster. [...]

Endlich wurden am Adventskranz drei Kerzen angezündet und nun konnte er keine Minute mehr warten. Plötzlich stand er in der Küche und jeder wusste Bescheid, jetzt musste die große Steinkrippe aus dem Keller geholt werden. Großvater hatte ja die Eigenart, dass das, was er sich gerade in den Kopf gesetzt hatte, im selben Augenblick auch in Arbeit genommen werden musste. Ja, eigentlich musste es schon fertig sein! Er hatte keine Geduld. Und da der Großvater schon sehr gebrechlich war, mussten wir alle, die wir um ihn herum waren, zur passenden und unpassenden Zeit seine plötzlichen Wünsche erfüllen. Mit dem Krippenbau war das gar nicht so einfach, es war schon ein recht schwieriges Geschäft.

Da musste zunächst einmal das ganze Wohnzimmer ausgeräumt werden, damit der große Tisch auch in die Krippenecke des Zimmers passte. Nur das Klavier durfte verbleiben und ein paar Stühle und der Tisch, denn wo hätte sonst das Christkind seine Gaben lassen sollen?

Vater musste dann die Tischfläche mit einem Stück grünem Linoleum abdecken. Dieses Linoleum war gleichzeitig die grüne Wiese, auf der die Schafe grasen sollten, und der Schutz für die Tischfläche, denn nun musste der Vater die Steine für die Grotte aus dem Keller schleppen. Es waren schwere Brocken, die er kaum zu heben vermochte, aber auch allerlei kleinere Steine, wohl aber alles recht wunderliche Gebilde mit vielen Löchern und kleinen Höhlen. Diese Steine wurden dann auf Anordnung des Großvaters zu einer Krippenlandschaft zusammengebaut. In der Mitte entstand eine große Höhle, eine Grotte, in die man hineinschauen konnte und die nun für einige Wochen neben den Schafen auch die heilige Familie beherbergen sollte. An der Rückseite der Grotte war ein rot verglastes Fensterloch, durch das von hinten ein warmes Licht in den Stall fiel. Ein weiteres Licht hing von der Decke der Grotte herab, eine kleine Laterne, die der Mutter Maria bei ihrem wichtigen Tun für den kleinen Jesus leuchten durfte.

Waren die großen Gesteinsbrocken erst einmal gesetzt, so mussten alle das Wohnzimmer verlassen. Großvater wollte jetzt alleine sein. Nur ich durfte dem weiteren Werden des Wunderwerks zuschauen, unter der Bedingung, dass ich schweigen würde. Stundenlang war Großvater nun mit seiner Krippe beschäftigt. Er passte Stein auf Stein, verwarf seinen Plan, baute wieder ab und wieder auf, bis er den Rohbau dann schließlich doch fertiggestellt hatte. Zu guter Letzt stopfte er die Zwischenräume mit trockenem Moos aus dem Vorjahr aus. Am nächsten Tag musste nun die Grotte beleuchtet und die Landschaft bevölkert werden. Den ersten Ärger gab es, als Großvater feststellte, dass die Batterien aus dem Vorjahr leer waren und niemand daran gedacht hatte, neue zu besorgen. Es gab ja auch nichts Wichtigeres als neue Batterien, denn Opa hatte seinen schon seit Jahren festgelegten Aufbauplan und danach mussten nun die Lämpchen an die Batterien angeschlossen werden. Der ganze Aufbauplan geriet durcheinander! Großvater tobte und fluchte.

Wenn er nun daran ging, die meist schon arg lädierten Krippenfiguren aus bemalter Presspappe wieder instand zu setzen, so ging auch dies selten ohne ein gewaltiges Fluchen und Schimpfen ab. Es war für ihn ja auch so schwierig, mit seinen dicken Fingern die gebrechlichen Beine der Schafe aus verleimten Streichhölzern zu erneuern oder die Ohren des Esels an der richtigen Stelle wieder einzuleimen oder auch den Schwanz. Ach, wie schrecklich war Großvaters Laune, als ein verlorengegangenes Horn des Ochsen nicht wieder auffindbar war! Er war so voll innerer Unruhe, dass er gar nichts mehr zustande brachte und den Krippenberg mit seiner Pfeife in ein gewaltiges Nebelmeer eintauchte. Er schimpfte auf den Ochsen, auf das Horn, auf die gesamte heilige Familie. Als er dann auch noch Gott Vater mit einem Fluch bedachte, packte mich die Mutter, die das nebenan gehört hatte, an den Armen und zog mich hinweg aus diesem unheilvollen Ort. [...] Opa musste also alleine sein Werk vollenden. [...] Endlich war der Krippenberg fertig und ich durfte für kurze Zeit wieder in das Weihnachtszimmer, um das Wunderwerk zu bestaunen. Da ja die Batterien leer waren, hatte der Großvater zwei Kerzen vor der Krippenlandschaft aufgestellt, damit ich auch ganz genau alles sehen konnte, was der Opa in die Krippe gezaubert hatte. Ja, ich konnte wirklich nur staunen, denn außer der heiligen Familie waren da noch die Hirten, die von allen Seiten zum Stall eilten. Da waren die vielen Schafe auf dem frischen Moos, das der Vater besorgt hatte, eine Menge Volk und ganz hinten in der Ecke, da warteten schon die heiligen drei Könige mit dem Kamel auf ihr Erscheinen. Aber sie hatten ja noch eine Weile Zeit, denn noch war der Heiland nicht geboren.

Als mein Blick wieder zur heiligen Familie in den Stall wollte, huschte er über Opas Gesicht. Im Halbdunkel der flackernden Kerzen schien es so, dass Opa glücklich lächelte.

Hans Engels: Die Steinkrippe (Köln, Nordrhein-Westfalen, 1947)

Nürnberger Elisenlebkuchen

Lebkuchen sind nicht wegzudenken aus der Weihnachtszeit – ob klassisch rund, als Herzen, Figuren oder als Knusperhäuschen. Jede Region in Deutschland hat ihre eigenen Varianten: Pfefferkuchen, Honigkuchen, Printen und natürlich die weltweit berühmten Nürnberger Elisenlebkuchen.

Zutaten
für ca. 25 Stück

Für den Teig:

* 200 g gemahlene Haselnüsse
* 200 g gemahlene Mandeln
* 80 g Zitronat, sehr fein gehackt
* 80 g Orangeat, sehr fein gehackt
* Abrieb von 1 unbehandelten Zitrone
* 4 Eier
* 120 g Puderzucker

* 2 EL Lebkuchengewürz
* 1 Prise Salz

25 runde Oblaten (ca. 5–7 cm Durchmesser)

Für die Glasur:

* 200 g Puderzucker
* 2 EL Wasser

ganze Mandeln zum Verzieren

Zubereitung

1. Die gemahlenen Haselnüsse und Mandeln gut mit dem gehackten Zitronat und Orangeat sowie dem Zitronenabrieb vermengen.

2. In einer Schüssel die Eier mit dem Puderzucker schaumig schlagen. Lebkuchengewürz, Salz und die Nuss-Zitrus-Mischung unterrühren. Die Masse (wenn möglich) über Nacht an einem kühlen Ort ruhen lassen.

3. Den Backofen auf 160 °C Ober- und Unterhitze vorheizen.

4. Jeweils ca. 30 g Teig auf die Oblaten setzen und mit einem mit Wasser befeuchteten Messer glattstreichen. Die Lebkuchen auf einem mit Backpapier ausgelegten Blech 3–4 Stunden antrocknen lassen. Im vorgeheizten Ofen auf der mittleren Schiene etwa 15–20 Minuten backen, bis sie fest sind. Dann aus dem Ofen nehmen und abkühlen lassen.

5. Puderzucker mit Wasser zu einer dickflüssigen Glasur verrühren. Die Oberseite der abgekühlten Lebkuchen mit der Glasur bestreichen und nach Belieben mit ganzen Mandeln verzieren. Danach gut trocknen lassen, bevor die Lebkuchen am besten in einer Blechdose aufbewahrt werden. An einem kühlen Ort lagern, dann sind sie mindestens 4–6 Wochen haltbar.

Der Spitz als Schlittenhund

Mitte der 1940er Jahre – ich muss ungefähr sechs Jahre alt gewesen sein – hatte es sehr viel geschneit. Wir hatten damals einen weißen, sehr ungezogenen Spitz, den Lumpi. Er hatte die Unart, bei jedem Klingeln wie verrückt an der Haustür zu bellen und zum Gartentor zu rasen, um sein Zuhause gegen Eindringlinge zu verteidigen. Mein Cousin und ich machten uns daraus einen Spaß. Wir spannten Lumpi vor unseren Schlitten, was er etwas widerwillig mit sich geschehen ließ. Dann setzte ich mich auf den Schlitten und mein Cousin ging die 30 Meter vor zu unserem Gartentor – und klingelte Sturm. Daraufhin rannte der Spitz wie von der Tarantel gestochen los, um zu sehen, wer da wohl käme. Ich, hinten drauf auf dem Schlitten, hatte einen Mordsspaß an der rasanten Fahrt durch den Schnee. Dann war mein Cousin dran. Ich klingelte und das Spiel begann von Neuem. Nach sechs Runden war der arme Lumpi völlig erschöpft. Dann hatten wir ein Einsehen und ließen ihn ausruhen. Im Sommer hat er sich dann revanchiert, als er uns beim Baden alle komplett nassspritzte.

Eva-Maria Denk (München, 1945/1946)

Das ist der Original-Hund Lumpi aus der Geschichte!

Schneeballschlachten, Schlittenfahren und Schneemannbauen

Aus der Bahn, Kartoffelschmarrn!, tönte das Kindergeschrei von den schneebedeckten Rodelhängen. Schimpften die Erwachsenen meist über die Schneemassen, weil sie mit Schneeschippen und Autos, die nicht ansprangen, verbunden waren, war die weiße Pracht für uns Kinder die reinste Freude. Damals fuhren noch viel weniger Autos und die Straßen waren nicht gesalzen und auch nicht immer komplett geräumt – zum Ärger der Großen, aber für uns ein

Traum. Nach der Schule und den Hausaufgaben ging es sofort raus in die Kälte. Mit dem Schlitten spazierten wir zum nächsten Hügel und dann fuhren wir unzählige Male nach unten. Wir bauten kleine Schanzen und die blauen Flecken, die wir uns bei etlichen Stürzen zuzogen, hielten uns nicht von neuen Rodelpartien ab. Wenn der See nach einer längeren Frostperiode zugefroren war, schnall-

ten sich die Glücklichen, die Schlittschuhe besaßen – oft Erbstücke von größeren Geschwistern –, diese an und zogen ihre Bahnen oder spielten Eishockey. Wer in Süddeutschland oder nahe dem Harz aufwuchs, hatte vielleicht sogar Ski und fuhr am Wochenende mit den Eltern oder im Skibus in die Berge zum Skikurs.

Für die anderen gab es aber nicht weniger schöne Winterspiele: Wir bauten Schneemänner mit Karottennasen und Augen aus Kohle und vergaßen die Zeit bei wilden Schneeballschlachten – oft Jungen gegen Mädchen oder Ober- gegen Unterdorf.

Bratäpfel

Was gibt es Schöneres, als einen heißen Bratapfel nach einem langen Winterspaziergang zu genießen. Bestimmt kennen Sie das Rezept noch aus Ihrer Kindheit. So einfach und so gut!

Zutaten für 4 Äpfel

* 4 Äpfel (am besten säuerliche Sorten wie Boskop oder Elstar)
* 100 g Marzipanrohmasse
* 50 g Haselnüsse oder Walnüsse
* 50 g Mandelstifte
* 2 EL in Rum (oder Wasser) eingelegte Rosinen
* Butter für die Form

Zubereitung

1. Die Äpfel waschen und das Kerngehäuse am besten mit einem Apfelausstecher entfernen.

2. Marzipanrohmasse grob zerbröseln, die Nüsse fein hacken und mit den Mandelstiften vermengen. Zum Schluss die Rosinen hinzufügen.

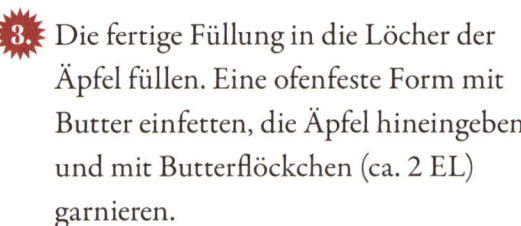

3. Die fertige Füllung in die Löcher der Äpfel füllen. Eine ofenfeste Form mit Butter einfetten, die Äpfel hineingeben und mit Butterflöckchen (ca. 2 EL) garnieren.

4. Die Äpfel im auf 180 °C vorgeheizten Backofen für ca. 30 Minuten garen, bis sie weich sind und die Schale aufplatzt.

5. Die Bratäpfel aus dem Ofen nehmen und vor dem Servieren kurz abkühlen lassen. Nach Belieben pur genießen, mit Puderzucker bestreuen oder mit einer Kugel Vanilleeis oder Vanille-soße servieren.

Unser alter Kinderschlitten

In diesem Jahr war unser Weihnachtsbaum kleiner als sonst, wir benötigten dafür einen Sockel, damit er höher stand. Wir versuchten es mit einer Fußbank und mit einem kleinen Tisch; aber das gefiel uns alles nicht so recht. Ich dachte an unseren alten Kinderschlitten, der oben im Haus in einer Ecke des Dachbodens stand. Er hatte genau die richtige Höhe für unseren Weihnachtsbaum. Als ich am Heiligen Abend unsere geschmückte Tanne auf dem Schlitten sah, lief vor meinen Augen plötzlich ein Film ab:

Der Schlitten war viele Jahre lang nicht mehr gebraucht worden. Unser Sohn hatte auch mit ihm gespielt, aber in den letzten Jahren hatten wir ja nicht so viel Schnee. In meiner Kindheit vor 50 Jahren lag in jedem Winter wochenlang Schnee. Damals kannten wir keine Langeweile. Jeden Nachmittag trafen sich die Mädchen und Jungen aus unserem Dorf an einem abschüssigen Weg, der unser Rodelweg war. Zu Hause hatten wir die rostigen Kufen des Schlittens mit einer Speckschwarte eingerieben, damit er im Schnee besser rutschte. Meine drei Brüder und ich besaßen nur einen Schlitten. Vater hatte ihn mit unserem Namen gekennzeichnet. Gestritten haben wir vier uns um unseren Holzschlitten nie, denn wir fuhren immer abwechselnd. Die erste Talfahrt machten die beiden älteren Brüder gemeinsam, dann kamen mein jüngster Bruder und ich an die Reihe.

Das Rodeln machte riesigen Spaß, wir konnten es auch bei eisiger Kälte aushalten. Unbequem und schwer war es allerdings, den Schlitten wieder bergauf zu ziehen. Die großen Brüder machten uns Kleinen das „Vergnügen" schmackhaft, indem sie uns 20 Pfennige gaben. Für diesen Lohn haben mein kleiner Bruder und ich den ganzen Nachmittag gern gearbeitet.

Gern trugen wir beim Rodeln auch Mutters und Vaters Holzschuhe. Wir polsterten sie mit Zeitungspapier aus, das hielt die Füße warm. Wir hatten ja nur ein Paar Winterschuhe und die durften nicht nass werden. Manchmal verloren wir im Schnee einen Handschuh. Unsere Mutter war recht böse darüber, aber unsere Großmutter sagte dann: „Die Hauptsache ist doch, dass die Kinder wieder heil zu Hause sind!"

Bereits am nächsten Tag hatte sie einen neuen Handschuh gestrickt. Im Sommer handarbeitete sie schon Handschuhe im Voraus. Vater hatte uns erzählt, dass er als Kind noch auf den Straßen rodeln konnte, denn es kam höchstens einmal ein Pferdeschlitten vorbei. Auch Mutter schlitterte als Kind gern in Holzschuhen. Ihre Holzschuhe trug sie auch in der Schule, sie durften nicht zu sehr strapaziert werden. Deshalb machte der Vater seinen Kindern manchmal einen Strich durch die Rechnung, indem er unter die Holzschuhe Gummi- oder Lederstreifen nagelte, damit sie nicht zu sehr abgenutzt wurden. Holzschuhe, die nicht mehr getragen werden konnten, wurden noch als Fressnapf für die Katzen genutzt.

Unser alter Kinderschlitten hat uns in unserer Kindheit sehr viel Freude gemacht, 50 Jahre später hat er in der Weihnachtszeit auch noch unseren Christbaum getragen und kam so wieder sehr zu Ehren.

Margret Krah: Unser alter Kinderschlitten
(Spenge, Nordrhein-Westfalen, 1950er Jahre/1993)

Singen und Musizieren im Advent

Heute verbinden wir mit vorweihnachtlicher Musik meist Pop-Weihnachtsklassiker wie *Last Christmas* oder *All I want for Christmas is you,* die schon im November aus dem Radio oder den Lautsprechern in den Kaufhäusern tönen. Früher war das anders. Wenn draußen kalt der Wind um die Häuser blies, saß die Familie an den Adventssonntagen zusammen in der warmen Stube bei heißem Tee, Punsch oder Kakao um den Adventskranz. Da durfte eins nicht fehlen: Weihnachtslieder und das gemeinsame Singen und Musizieren. Dann kehrten Ruhe und Besinnlichkeit ein und man spürte die tiefe Verbundenheit der Gemeinschaft und das freudige Warten auf das Christkind. In manchen Familien wurden bekannte Weihnachtslieder von *Leise rieselt der Schnee* bis *Alle Jahre wieder* angestimmt, in anderen wurden auch die Instrumente ausgepackt. Ob Klavier, Geige oder Blockflöte, Zither, Hackbrett oder Gitarre – Eltern und

Kinder musizierten zusammen, da war es auch egal, wenn nicht jeder Ton perfekt saß. Die Adventszeit war auch außerhalb der Familie voller Musik. Wir hörten in der Kirche christliche Lieder, die Bläser stimmten ihre alten Weisen auf dem Weihnachtsmarkt an und in der Schule oder im Kinderchor sangen wir fast täglich Weihnachtslieder. Was gab es Schöneres, als das Warten auf das Christkind mit Musik zu verkürzen?

Die ersten Weihnachtslieder gehen übrigens auf die christliche Liturgie zurück: Das erste dokumentierte vollständige Weihnachtslied *Sei uns willkommen, Herre Christ* stammt aus dem Mittelalter.

Schneeflöckchen, Weißröckchen

Schneeflöckchen, Weißröckchen,
wann kommst du geschneit?
Du wohnst in den Wolken,
dein Weg ist so weit.

Komm, setz dich ans Fenster,
du lieblicher Stern,
malst Blumen und Blätter,
wir haben dich gern.

Schneeflöckchen, du deckst uns
die Blümelein zu,
dann schlafen sie sicher
in himmlischer Ruh'.

Schneeflöckchen, Weißröckchen,
komm zu uns ins Tal.
Dann bau'n wir den Schneemann
und werfen den Ball.

Mit den Englein Plätzchen backen

In meiner Kindheit war das Backen von Kuchen und Plätzchen noch mit sehr viel Arbeit und Geschick verbunden. Nicht nur das Backen war Handarbeit und forderte von der Hausfrau den ganzen Einsatz ihrer Kraft. Alleine schon einen Pulverkuchen zwanzig Minuten zu rühren, ging sehr auf die Arme, denn eine Küchenmaschine kannte man nicht. Verstehen musste man sich aber vor allem auch auf das richtige Beheizen des Küchenherdes, damit das Gebäck weder verkohlte noch halb roh aus der Röhre kam. Dazu gehörte, dass das Holz oder die Kohle im richtigen Maße in den Ofen geschichtet werden mussten, um die Temperatur zu regeln.

In jedem Jahr zur Adventszeit sagte mir meine Mutter, dass sie jetzt zu den Englein ginge, um mit ihnen Plätzchen zu backen. Mein Vater setzte sich zu mir ans Bett und erzählte eines seiner vielen Märchen. Sobald ich eingeschlafen war, begab er sich zu meiner Mutter in die Küche, um die Regie am Ofen zu übernehmen. So schlief ich ein mit dem Gedanken, meine Mutter sei jetzt bei den Englein in einem großen Saal, in dem die Englein die Plätzchen ausstachen und zu einem großen Backofen brachten. Ich stellte es mir herrlich vor im Wolkenreich. Am Morgen lagen ein paar Plätzchen auf meiner Bettdecke. Es war eine wunderschöne Welt der Träume, die mir meine Eltern in der gar so kargen Nachkriegszeit ermöglichten, wo ein Plätzchen schon etwas Besonderes war.

aus: Christina Telker: Winterwunderland
(Bad Freienwalde, Brandenburg/DDR, 1952–1958)

In der Weihnachtsbäckerei

Wie das köstlich duftete, wenn unsere Mutter oder Großmutter mit Backen für Weihnachten begann – meistens schon Anfang Dezember, denn Leckereien wie Stollen, Früchtebrot und Leb- oder Pfefferkuchen mussten gut durchziehen. Überhaupt gab es früher das Weihnachtsgebäck erst an Heiligabend. Davor galt: Finger weg von den Keksdosen! Das hielt uns aber meist nicht davon ab, doch das ein oder andere Plätzchen schon im Advent zu stibitzen, denn die Verstecke kannten wir ganz genau.

Beim Backen durften wir schon als kleine Kinder kräftig mithelfen: den Teig rühren und kneten, ausrollen und vor allem die Butterplätzchen ausstechen. Von Sternen über Tannenbäume, Engelchen und Glocken gab es viele weihnachtliche Motive. Manche der Exemplare erhielten auch ein kleines Loch, damit wir sie später an den Christbaum hängen konnten. Das Schönste war aber immer, die Teigreste zu verspeisen. Ein kleines Trostpflaster, wenn das fertige Gebäck dann einzeln in Dosen verpackt aufbewahrt wurde und erst an Heiligabend wieder zum Vorschein kam.

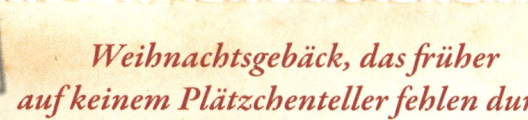

Weihnachtsgebäck, das früher auf keinem Plätzchenteller fehlen durfte

* Vanillekipferl
* Butter- oder Mürbteigplätzchen
* Kokosmakronen
* Spritzgebäck
* Spekulatius
* Spitzbuben
* Zimtsterne
* Bethmännchen
* Heidesand
* Anisplätzchen
* Springerle

47

Vanillekipferl

Zutaten

* 250 g Mehl
* 200 g abgezogene, gemahlene Mandeln
* 80 g Zucker
* 1 Päckchen Vanillezucker
* 1 Prise Salz
* 200 g kalte Butter in kleinen Stücken
* Puderzucker zum Wenden

Zubereitung

1. Auf der Arbeitsplatte Mehl, gemahlene Mandeln, Zucker, Vanillezucker und 1 Prise Salz vermischen.

2. Die kalte Butter in kleinen Stücken hinzufügen und mit den Händen zu einem krümeligen Teig verarbeiten.

3. Den Teig zu einer glatten Masse verkneten, zu einer Kugel formen und für mindestens 30 Minuten im Kühlschrank ruhen lassen. Den Backofen auf 180 °C Ober- und Unterhitze vorheizen.

6. Die Vanillekipferl aus dem Ofen nehmen und leicht abkühlen lassen. Die noch warmen Plätzchen vorsichtig in Puderzucker wälzen, sodass sie gleichmäßig bedeckt sind.

7. Die fertigen Vanillekipferl vollständig abkühlen lassen und in einer luftdichten Dose aufbewahren.

4. Aus dem Teig kleinere Portionen nehmen und zu fingerdicken Rollen formen. Die Rollen in kurze Stücke schneiden und zu kleinen Kipferln formen. Die Enden leicht nach innen biegen, um die charakteristische Form zu erhalten.

5. Die Vanillekipferl auf ein mit Backpapier ausgelegtes Backblech setzen und im vorgeheizten Ofen für ca. 12–15 Minuten goldbraun backen.

3. Advent

Leuchtende Kinderaugen und plattgedrückte Nasen an den Schaufenstern

Ab der Währungsreform 1948 waren die Auslagen der Schaufenster wieder proppenvoll mit Waren – auch die der Spielzeugläden und Kaufhäuser. Beim Bummel durch die Stadt in der Adventszeit durfte ein ausgiebiger Stopp vor den prächtigen Auslagen nicht fehlen. Die großen Kaufhäuser bauten riesige weihnachtliche Winterlandschaften auf: mit einer Engelswerkstatt, in der viele fleißige Engelchen dem Christkind zur Hand gingen, Plätzchen backten oder Weihnachtsschmuck bastelten. Oder mit einer elektrischen Eisenbahn vom Weihnachtsmann, die durch die kunstschneebedeckten Landschaften die Geschenke zu den Kindern brachte. Da bekamen wohl alle Kinder leuchtende Augen.

Weihnachten war ganz nah. Besonders gerne drückten wir unsere Nasen an den Schaufenstern der Spielwarengeschäfte platt. Was gab es da nicht für wundervolle Schätze: Puppen, Spielzeugautos, Eisenbahnen, Puppenküchen, Kaufläden, Teddybären, Legosteine oder Metallbaukästen. Das reinste Paradies. Wir bekamen viel Inspiration für unseren Wunschzettel. Und das Christkind würde uns bestimmt den ein oder anderen Wunsch erfüllen, wenn wir nur besonders brav und fleißig waren.

Die Schaufenster unserer Innenstadt waren weihnachtlich beleuchtet und mit Tanne geschmückt. In den Spielwarengeschäften lachten uns große Teddybären und verschiedenartige Puppen mit hübsch gehäkelten Kleidchen entgegen. Sie lagen in buntbemalten Bettchen oder Wiegen, daneben standen Windelkästen für die pflichtbewussten Puppenmuttis. Dazwischen sah man Brummkreisel oder eine aufgezogene Eisenbahn, die unermüdlich ihre Runden drehte, Perlenkästen für Mädchen oder Bausteine und Handwerkszubehör für Jungen – ein Anblick, der selbst die Herzen der Erwachsenen höher schlagen ließ.

aus: Birgit Schaube: Der blaue Pelikan
(Mühlhausen, Thüringen, 1958–1966)

Briefe an das Christkind und den Weihnachtsmann

An Geschenke dachten wir eigentlich schon spätestens seit Nikolaus, aber richtig ernst wurde es, als wir unsere Wunschzettel schreiben sollten. In den Auslagen der Schaufenster hatten wir so viele wunderschöne Spielsachen gesehen, da fiel es schwer, eine Auswahl zu treffen. Zinnsoldaten oder doch die Holzeisenbahn? Die Puppenküche oder der Kaufladen? Die Spielesammlung oder doch lieber das Märchenbuch? Ein Chemiebaukasten oder Lego? Eine Puppe oder ein flauschiger Teddy? Winterliche Kleidung gehörte früher auch immer zu den Weihnachtsgeschenken: neue Handschuhe, ein selbstgestrickter Schal oder ein Winteranorak.

Das Christkind oder der Weihnachtsmann brachten erfahrungsgemäß immer eine Mischung aus etwas Praktischem und Spielsachen. Unseren Wunschzettel legten wir dann oft auf die Fensterbank zwischen den Doppelfenstern, die damals üblich waren. Jeden Tag schauten wir morgens als Erstes, ob das Christkind oder der Weihnachtsmann den Zettel schon gefunden hatte – und waren enttäuscht, wenn er immer noch unberührt dalag. Aber nach ein paar Tagen war er dann plötzlich weg und es lagen stattdessen vielleicht sogar ein paar Fäden Lametta auf dem Fensterbrett – ein sicheres Zeichen, dass unsere Wünsche nun in den richtigen Händen waren.

Vom Schenken in früheren Zeiten

Wer sich noch an die Kriegs- und Nachkriegsjahre erinnert, denkt wahrscheinlich sofort an die bescheidenen Wünsche, die wir damals hatten. Wir freuten uns über ein von Mutter selbstgenähtes Puppenkleid aus der Fallschirmseide der Besatzungsmächte und über Omas Socken genauso wie später über üppigere Gaben. Die Väter werkelten oft an den Winterabenden stundenlang an Puppenhäusern oder den kleinen Möbeln. Oder sie reparierten unser Spielzeug, das in der Adventszeit plötzlich verschwand und dann in neuem Glanz an Heiligabend wieder auftauchte.

In den 50er und 60er Jahren konnten wir uns dann schon mehr leisten. Der Geschenke-Einkaufs-Stress begann für unsere Eltern, man wollte den gewonnenen Wohlstand zeigen. Für uns Kinder war das natürlich traumhaft, denn jetzt gab es so tolle Geschenke wie eine Carrera-Bahn, einen Metallbaukasten oder einen rundum ausgestatteten Kaufladen.

Wir wollten natürlich auch Geschenke für unsere Eltern und Großeltern haben. In der Schule oder im Kindergarten malten wir fleißig Bilder, bastelten Christbaumschmuck oder fertigten kleine Laubsägearbeiten an. Die Eltern haben sich immer darüber gefreut – auch wenn unsere kleinen Geschenke nicht immer perfekt waren.

Filmtipp

Geschenke in früheren Zeiten
☞ BR, ARD-Mediathek

Spitzbuben

Der Name der beliebten Weihnachtsplätzchen kommt wahrscheinlich von der Konfitüre, die durch die ausgestochenen Fensterchen spitzt.

Zutaten

Für den Teig:

* 300 g Mehl
* 120 g Zucker
* 1 Päckchen Vanillezucker
* 150 g geriebene Mandeln
* 1 Prise Salz
* 1 Ei
* 200 g kalte Butter

Für die Füllung und Dekoration:

* 150 g Johannisbeergelee oder Himbeermarmelade
* Puderzucker zum Bestäuben

Zubereitung

1. Das Mehl, den Zucker und Vanillezucker und die Mandeln mit 1 Prise Salz vermengen. Das Ei und die kalte Butter in Stückchen hinzufügen und alles mit den Fingern zu einem Teig verkneten.

2. Den Teig zu einer Kugel formen, in Frischhaltefolie einwickeln und für mindestens 30 Minuten im Kühlschrank ruhen lassen.

3. Den Backofen auf 180 °C Ober- und Unterhitze vorheizen und ein Backblech mit Backpapier auslegen.

4. Den Teig auf einer leicht bemehlten Arbeitsfläche etwa 3–4 mm dick ausrollen. Mit einer runden, gezackten Ausstechform Plätzchen ausstechen. Die Hälfte der Plätzchen mit einem kleinen rund-gezackten Herz- oder Sternausstecher in der Mitte ausstechen. Das sind die Deckel der Spitzbuben.

5. Die Plätzchen auf das vorbereitete Backblech legen und im vorgeheizten Ofen etwa 10–12 Minuten backen, bis sie leicht goldbraun sind.

6. Die gebackenen Plätzchen etwas abkühlen lassen.

7. Die Oberteile mit den Fensterchen mit Puderzucker bestäuben.

8. Dann die Plätzchen ohne Ausstechloch mit einer dünnen Schicht leicht erwärmtem Johannisbeergelee oder Himbeermarmelade bestreichen und die Deckel auf den Unterteilen festkleben.

9. Die Spitzbuben, wenn sie vollständig abgekühlt sind, in einer luftdichten Dose aufbewahren.

Kling, Glöckchen, klingelingeling

Kling, Glöckchen, klingelingeling,
kling, Glöckchen, kling!
Lasst mich ein, ihr Kinder,
ist so kalt der Winter,
öffnet mir die Türen,
lasst mich nicht erfrieren!
Kling, Glöckchen, klingelingeling,
kling, Glöckchen, kling!

Kling, Glöckchen, klingelingeling,
kling, Glöckchen, kling!
Mädchen, hört, und Bübchen,
macht mir auf das Stübchen,
bring euch viele Gaben,
sollt euch dran erlaben.
Kling, Glöckchen, klingelingeling,
kling, Glöckchen, kling!

Kling, Glöckchen, klingelingeling,
kling, Glöckchen, kling!
Hell erglühn die Kerzen,
öffnet mir die Herzen!
Will drin wohnen fröhlich,
frommes Kind, wie selig.
Kling, Glöckchen, klingelingeling,
kling, Glöckchen, kling!

Blitzblank und porentief rein: der Weihnachtsputz

Ach, was war das für ein Gewusel und Treiben, als jedes Jahr, meist in der letzten Woche vor Heiligabend, der große Weihnachtsputz anstand. Da wurde gewienert, gebohnert, gewaschen, abgestaubt und gewischt, was das Zeug hielt. Unsere Mütter, die oft sehr akkurate Hausfrauen waren, duldeten kein Fitzelchen Staub mehr in der Wohnung oder dem Haus. Dabei war früher das Putzen noch viel anstrengender als heute. Es gab noch nicht so viele elektronische Helferlein wie Saugroboter oder Waschmaschinen. Die Böden wurden auf den Knien gewischt und dann mit Wachs gebohnert. Wir Kinder, vor allem die Mädchen, mussten je nach Alter fleißig mithelfen: das schmiedeeiserne Treppengeländer entstauben oder das Tafelsilber auf Hochglanz polieren. Sogar die Väter wurden zu schweren Arbeiten wie Teppichklopfen oder Vorhängeaufhängen herangezogen.

War das Heim dann blitzblank, kamen wir an die Reihe. An Heiligabend gab es in Zeiten, als die meisten Wohnungen noch nicht über ein Badezimmer und fließendes Wasser verfügten, das große Weihnachtsbad. Dazu wurde Wasser auf dem Ofen heiß gemacht und in eine Wanne gegossen. Nacheinander badeten alle Familienmitglieder darin – und nicht für jeden Badenden gab es frisches Wasser. Trotzdem waren danach alle sauber und zufrieden. Die Festtage konnten kommen.

Wachstaler: ein einfacher kreativer Christbaumschmuck

Bis in die 1970er Jahre war es beliebt, Kerzenreste nicht wegzuwerfen, sondern ihnen ein zweites Leben als originellen Christbaumschmuck zu geben. Verleihen Sie doch Ihrem Weihnachtsbaum mit den Wachstalern eine nostalgische Note.

Material und Werkzeug

* Joghurtbecher oder gleichgroße transparente Becher (um die Dicke des Talers besser zu sehen) für 100 oder 200 g Inhalt
* Wasser
* Kerzenreste (ein- oder verschiedenfarbige)
* dünne Stricknadel
* Teelicht
* dicker Faden (z. B. Stickgarn) für die Aufhängung

Anleitung

1. Zuerst den Becher zu ca. zwei Drittel mit Wasser befüllen.

2. Dann einen Kerzenrest anzünden und entlang der Innenwand des Bechers lückenlos Wachs auf die Wasserfläche tropfen lassen.

3. Danach die restliche Fläche in der Mitte mit Wachs ausfüllen. So lange tropfen, bis die Wachsfläche ca. 3 bis 4 mm stark ist. Dünnere Taler zerbrechen leicht.

4. Nach dem Abkühlen den Becher über dem Spülbecken stürzen und ihn dabei vorsichtig auf Höhe des Talers zusammendrücken. Den Taler so aus dem Becher lösen und zum Trocknen auf eine Lage Küchenkrepp legen.

5. Ein Ende der Stricknadel über der Flamme des Teelichts erwärmen. (Vorsicht: Nicht zu heiß werden lassen, weil sich sonst auf der Stricknadel Ruß bildet, der den Wachstaler unschön schwärzen würde.)

6. Dann den Taler in die Hand nehmen und die heiße Spitze der Stricknadel in einem Abstand von ca. 1 cm vom Rand des Talers aufsetzen und mit wenig Druck ein Loch für die Aufhängung schmelzen.

7. Nach dem Abkühlen den Faden durch das Loch fädeln und verknoten.

Butterplätzchen

Zutaten

* 400 g Mehl
* 200 g Zucker
* 1 Päckchen Vanillezucker
* 1 Prise Salz
* 2 Eigelb
* 250 g Butter

Puderzucker zum Bestäuben
oder Zuckerguss

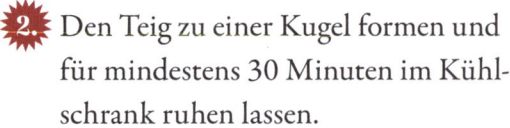

Zubereitung

1. Mehl, Zucker, Vanillezucker und
1 Prise Salz mit den Eigelben und der
in Stückchen geschnittenen kalten
Butter vermengen und (mit kühlen
Händen) zu einem Teig kneten.

2. Den Teig zu einer Kugel formen und
für mindestens 30 Minuten im Kühlschrank ruhen lassen.

3. Den Backofen auf 180 °C Ober- und
Unterhitze vorheizen.

4. Den Teig auf einer leicht bemehlten Arbeitsfläche etwa 5 mm dick ausrollen. Mit weihnachtlichen Ausstechern (z.B. Stern, Tannenbaum, Nikolaus, Komet, Glocke ...) Plätzchen ausstechen und auf ein mit Backpapier ausgelegtes Backblech legen. Wenn der restliche Teig zu weich wird, wieder für einige Minuten in den Kühlschrank legen.

5. Die Plätzchen etwa 8–10 Minuten backen, bis sie eine hellbraune Farbe angenommen haben.

6. Die fertigen Plätzchen auf einem Kuchengitter vollständig abkühlen lassen. Nach dem Abkühlen können die Plätzchen nach Belieben mit Puderzucker bestäubt oder mit Zuckerguss überzogen werden.

Die Butterplätzchen bleiben am besten in einer luftdichten Dose frisch.

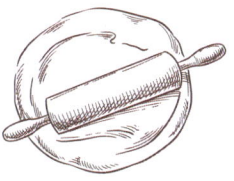

Weihnachtspakete aus dem Westen

In den 60er Jahren war in der DDR vieles Mangelware. Meine Mutti nutzte daher die Adventssonntage, an denen die Geschäfte zusätzlich von 13 bis 16 Uhr geöffnet hatten, um die eine oder andere Besonderheit zu erhaschen. Wenn man noch die Verkäuferin gut kannte, holte diese manch langgesuchte Ware unter dem Ladentisch hervor. Auf diese Art und Weise kam ich auch endlich mit zwölf Jahren zu meinen ersten Filzstiften. Nicht etwa im Sechserpack, nein einzeln, wie sie gerade im Laden erhältlich gewesen waren. Man sammelte dann so lange, bis man alle Farben in der Federtasche hatte. Endlich konnte auch ich damit „glänzen", denn unsere Familie gehörte nicht zu jenen, die regelmäßig Westpakete bekamen und lange vor den anderen Neuheiten besaßen. Aber einmal im Jahr, zu Weihnachten, erhielten auch wir ein Päckchen aus dem Westen, wo Bekannte und eine Tante von uns lebten. In der Vorweihnachtszeit lauerten wir förmlich auf das Klingelzeichen des Postfahrers und waren bitter enttäuscht, wenn er, ohne bei uns anzuhalten, durch die „Kleine Waidstraße" fuhr. Wie freuten wir uns, wenn auch wir endlich unser Päckchen in den Händen hielten!

Meist beinhaltete es drei Tafeln Schokolade, Kaffee, Kakao und ein paar Schokoladenhohlkörper für den Weihnachtsbaum, manchmal noch Kokosraspeln oder schwarzen Pfeffer, den es damals in der DDR wahrscheinlich schlecht gab. Allein schon der Duft dieser Köstlichkeiten! Im Westen roch alles einfach anders als bei uns.

Hatte jedoch das Päckchen ein schwarzes Dreieck aufgestempelt bekommen, bedeutete das nichts Gutes: Es war durch die Kontrolle gegangen und es kam schon mal vor, dass

die Packungen Kaffee, Kakao und Kokosraspeln, selbst der Pfeffer, aufgestochen waren und der Inhalt sich vermischt hatte. Es hing wohl von der Laune der Amtsperson ab. Oft war auch die Schokolade zerbrochen, aber die musste man ja ohnehin vor dem Genuss zerkleinern.

Ganz großes Glück hatte ich, wenn in dem Päckchen noch ein Nylon-Pullover vom Typ Rolli, leider aber in Braun oder Flaschengrün lag. Diese Farben waren wohl preisgünstiger oder vom Schlussverkauf, aber man zog ja schließlich alles an, Hauptsache, es war von „drüben". Mit weißen Krageneinsätzen konnte man das Ganze etwas auflockern. Trotzdem schwankte mein Empfinden in diesem Fall immer zwischen Freude und Traurigkeit.

Einmal fand ich unterm Weihnachtsbaum einen blauen „Pelikan"-Patronenfederhalter. Für uns DDR-Kinder etwas Besonderes, denn das Befüllen aus dem Tintenfässchen entfiel nun endlich. Dieses Geschenk war dank meiner anerzogenen Genügsamkeit nicht zu überbieten. Wie lange hatte ich mir den schon gewünscht! Mehrfach hatte ich es gegenüber meiner Tante vorsichtig im Brief geäußert, aber immer ohne Erfolg. Ein Wunder war für mich geschehen!

Dieser „blaue Pelikan" begleitete mich nun treu viele Jahre in die „Thomas-Müntzer-Schule" meiner Heimatstadt und schrieb sogar noch mein Abitur mit mir. Diesen Füllhalter habe ich bestimmt 30 Jahre aufgehoben, er hatte für mich Symbolcharakter.

aus: Birgit Schaube: Der blaue Pelikan
(Mühlhausen, Thüringen, 1958–1966)

4. Advent

Ohne Weihnachts- oder Christbaum kein Heiligabend

Weihnachten ohne eine prächtige Nordmanntanne können wir uns gar nicht mehr vorstellen. Der Christbaum ist das Symbol für Weihnachten schlechthin. Dabei ist die Tradition, an den Feiertagen einen Nadelbaum in der Stube aufzustellen und zu schmücken, gar nicht so alt.

Zwar gab es bereits heidnische Bräuche, die grüne Zweige im Haus als Symbol der Fruchtbarkeit und des Schutzes ansahen, aber erst Martin Luther machte den Christbaum zum Weihnachtssymbol der Protestanten – als Gegenbewegung zur katholischen Krippe. Im 19. Jahrhundert setzte sich dann der geschmückte Baum in ganz Deutschland durch und wurde durch Auswanderer und Aristokraten erfolgreich in die ganze Welt exportiert.

Heute kaufen (oder schlagen) gut 75 Prozent der Deutschen eine Nordmanntanne – sie ist gerade gewachsen, hat weiche, dichte Nadeln und verliert sie nicht so schnell. Ein Traum von einem Baum. In unserer Kindheit sah das noch anders aus. Da gab es bis in die 1970er Jahre meistens Fichten als Weihnachtsbäume: schief und krumm, mit Löchern im Astwerk und sie nadelten oft schon nach ein paar Stunden.

Kein Wunder, dass sie oft Anlass für den ersten Familienstreit an Heiligabend waren, denn man stellte den Baum immer erst am 24. Dezember auf. Beim Betreten des Weihnachtszimmers zur Bescherung, wenn der Christbaum schließlich mit viel Lametta, Kugeln und echten Kerzen geschmückt war, bekamen aber alle Familienmitglieder leuchtende Augen vor Rührung. Da war jeder Baum der schönste, den wir je gehabt hatten, egal wie windschief er auch vorher gewesen sein mochte.

Mit nur 15 cm Höhe eine
handliche Alternative ...

69

Lametta und Strohsterne

Als die erste Friedensweihnacht vor der Tür stand, war alles am Boden zerstört. Lebensmittel gab es nur auf Marken. Selbst den Tannenbaum fürs Fest musste man sich auf dem Schwarzmarkt besorgen. Für eine schöne Tanne durfte man tief in die Tasche greifen, da hatten fünfzig oder hundert Reichsmark schnell ihre Besitzer gewechselt, weil die Reichsmark ihren Wert verloren hatte. Uns fehlte das Geld, um auf ehrliche Art und Weise einen Tannenbaum zu kaufen. Ich weiß noch, dass wir für dreieinhalb mal zwei Meter Stoff für einen Wintermantel 2200 Reichsmark gezahlt haben. Im Forsthaus hätten wir einen Tannenbaum bekommen können, aber das waren krumme, schlechtgewachsene Bäumchen. Mit diesem Angebot wollte der Fürst von Hatzfeld verhindern, dass in seinem Wald gefrevelt wurde. Der junge neue Förster tat kund, dass er immer noch genug Schrot in seiner Flinte hätte, wenn er jemanden beim Stehlen erwischen würde.

Der Vater, der noch zehn Tage vor Kriegsende durch Bombensplitter schwer am Bein verletzt worden war, machte sich am frühen Nachmittag des Heiligen Abends humpelnd auf den Weg in Richtung Wald. Einen Sack, mit einer starken Kordel umwickelt, hatte er sich um die Schulter gehängt. In der einen Hand hielt er eine Gehkrücke, in der anderen einen Spaten, mit dem er sich beim Gehen zusätzlich abstützte. Es war schon dunkel, als er endlich zurückkam und, o Wunder, er hatte einen schönen Tannenbaum mit Erdballen im Sack auf seinem Rücken! Die Mutter war sehr besorgt und hoffte, dass ihn keiner gesehen hatte.

„Du kannst unbesorgt sein, es ist kein geklauter Baum", beruhigte Vater sie, „ich habe ihn nur ausgeliehen, er wird nach den Festtagen da, wo ich ihn ausgegraben habe, wieder eingepflanzt – und das bei gefrorenem Boden", gab er lächelnd zu verstehen und zwirbelte seinen Schnurrbart. „Und wo hast du ihn nun geholt?", wollte die Mutter wissen. „Aus der fürstlichen Tannenschonung, aber dorthin bringe ich ihn ja auch wieder zurück", war seine Antwort. Egal woher, wir hatten einen Weihnachtsbaum und der duftete nach frischem Tann. Die Mutter brach ein Ästchen ab und legte es auf die heiße Herdplatte. Da roch es plötzlich so richtig nach Weihnachten.

Für den Tannenbaumschmuck hatten wir schon seit dem Sommer gesorgt. Jede leere Zigarettenschachtel, die von den Soldaten der US-Truppen weggeworfen worden war, hatten wir aufgehoben, um das enthaltene Silberpapier zu sammeln. Sogar Lametta würde den Baum schmücken, das hatten wir von den Silberstreifen geschnitten, die während des Krieges von der alliierten Luftwaffe zur Störung der deutschen Luftabwehr vom Himmel gefallen waren. Vom Feldrand hatten wir schöne Strohhalme mit nach Hause genommen.

Jetzt wurde die kleine Tanne, die wunderbar in unser Zimmer passte, mit den selbstgebastelten Stroh- und Silbersternchen sowie den Lamettastreifen festlich geschmückt. So saßen wir am Heiligen Abend gemeinsam unter einem geliehenen Christbaum und sangen fromme Weihnachtslieder.

Bernadette Schnüttgen: Lametta und Strohsterne
(Alzen bei Morsbach, Nordrhein-Westfalen; 1945)

Früher war mehr Lametta

Was wäre der schönste Tannenbaum ohne seinen Christbaumschmuck? Dabei hat sich die Dekoration über die Jahrhunderte stets gewandelt. Die ersten Christbäume schmückte man noch mit vergoldeten Nüssen, Gebäck, Oblaten, Äpfeln und Bastelarbeiten aus Papier. Alles natürlich selbst gemacht. Im 19. Jahrhundert setzten sich dann die Christbaumkugeln, wie wir sie heute kennen, durch: filigrane Glaskugeln, die den Schein der Kerzen glänzend spiegelten. Und natürlich echte Wachskerzen! Bis in die 1970er Jahre waren sie noch die vorherrschende Beleuchtung und verbreiteten die stimmungsvolle Atmosphäre bei der Bescherung, die keine elektrische Lichterkette je erreichen konnte. Und wie das Weihnachtszimmer herrlich nach Kerzenwachs und Tannengrün duftete!

In unserer Kindheit hingen oft auch noch allerlei Süßigkeiten oder Weihnachtsgebäck am Baum: weiße, edle Springerle oder Zuckerstücke in silberneres Stanniolpapier gepackt, die wir Kinder dann nach und nach vom Baum stibitzten. Und wenn wir großes Glück hatten, durften wir am zweiten Weihnachtstag den Baum plündern. Natürlich durften auch Strohsterne oder Sterne aus Metallfolie nicht fehlen, die wir in der Adventszeit in der Schule oder mit unseren Eltern mit viel Geschick selbst bastelten. Und auf die Spitze des Baums kam vielleicht ein Herrnhuter Stern oder ein Rauschgoldengel. Bis in die 1970er Jahre war außerdem kein Weihnachtsbaum ohne Lametta oder Engelshaar vorstellbar. Damit wurde nicht gespart, es glänzte so schön und man konnte so auch manche Löcher im Astwerk geschickt kaschieren. Die dünnen Fäden wurden jedes Jahr wiederverwendet, weniger aus Gründen der Nachhaltigkeit, sondern vor allem wegen der Kosten. 2015 wurde die Produktion von Lametta in Deutschland endgültig eingestellt. Schade eigentlich.

Einfache Strohsterne

Strohsterne zu basteln war in unserer Kindheit eine beliebte Tätigkeit, um das Warten auf das Christkind zu verkürzen. Im Internet gibt es zahlreiche Anleitungen für aufwändigere Sterne. Es lohnt sich, nicht nur vom Basteln damals zu träumen, sondern auch heute wieder Stroh und Faden in den Fingern zu spüren.

Material und Werkzeug

für einen Stern

* 3 Strohhalme (aus dem Bastelladen)
* Wasser zum Einweichen
* Bügeleisen
* Schere
* Stecknadel
* Nähgarn oder Faden

Anleitung

1. Zunächst die Strohhalme für 30 Minuten in Wasser einweichen.

2. Dann die Halme der Länge nach aufschneiden und bei geringer Hitze glatt bügeln. Für dunklere Sterne einfach länger bügeln.

3. Die gebügelten Halme in gleich große Stücke schneiden. Die genaue Länge hängt von der gewünschten Größe des Sterns ab.

4. Nun sechs Strohhalmstücke zu einem Stern zusammenlegen. Mit der Stecknadel alle Lagen in der Mitte fixieren.

5. Das Nähgarn jetzt einmal unter und einmal über den Halmen hindurchfädeln, am besten die „Runde" zweimal wiederholen, damit der Stern stabiler wird. Die Fadenenden am Stern verknoten und den restlichen Faden zu einer Schlaufe für die Aufhängung verbinden.

6. Am Schluss die Halmenden noch spitz zuschneiden, sodass sich schöne Strahlen ergeben.

Es spricht übrigens nichts dagegen, die Strohhalme in der Mitte mit einem Tropfen Klebstoff zusammenzuhalten.

Lohn vieler Strohsternstunden

Mein Bruder Hans wurde im Krieg 1942 beim Ostfeldzug verwundet. In einem Lazarett in Ostdeutschland, wo junge Mädchen einen sogenannten Kriegseinsatz leisten mussten, lernte er seine spätere Frau kennen. Sie blieben in Verbindung und heirateten nach dem Krieg, als Hans mit seinem Studium fertig war. Gern hätte er seine Frau zu uns ins Ruhrgebiet geholt. Aber ihr einziger Bruder war gefallen, da wollte sie ihre Eltern nicht allein lassen. Deshalb zog Hans zu ihr in die Niederlausitz.

Nach dem Mauerbau 1961 konnte Hans uns mit seiner Frau und den beiden Kindern nicht mehr besuchen. Wir sind dann öfter zu ihnen nach Doberlug-Kirchhain gefahren, in der Nähe der Kreisstadt Finsterwalde gelegen. Mit Passierschein war das erlaubt. Wir haben dort auch einmal ein erzgebirgisches Weihnachtsfest erlebt. Die Schwibbögen, Räuchermännchen und Engel sind uns noch in guter Erinnerung. Viel hübscher Advents- und Weihnachtsschmuck wurde aus Naturmaterial in den Familien selbst hergestellt. Auch meine Nichte Heidi bastelte schon lange vor Weihnachten sehr schöne Strohsterne. 1975 hatte sie es darin zu wahrer Meisterschaft gebracht, denn sie hatte viel Freude daran und arbeitete mit großer Sorgfalt und viel Geschick. Bereits im Sommer erbat sie sich Stroh bei einem Bauern, denn fertige Bastelhalme konnte man nicht kaufen. Dann begann die Vorarbeit: Halme kürzen und über Nacht einweichen. Anschließend spleißen, feucht bügeln und in zwei Millimeter dünne Streifen schneiden. Es entstanden nun an langen Abenden die feinsten

76

Kunstwerke, zarte und filigranartige Strohsterne, von denen sie uns etliche schickte.

Um sich damit etwas Geld zu verdienen, verkaufte Heidi, damals 22 Jahre alt, ihre selbstgebastelten Strohsterne, das Stück für zwei Mark Ost. Eine Freundin hatte die Möglichkeit, ihre kleinen Kunstwerke in einer HO-Drogerie auszustellen und anzubieten. Da kam mir eine Idee: Im Spätsommer hatten wir wieder Klassentreffen im kleinen Kreis – meistens acht bis neun Frauen. Ich erzählte nun von Heidis Hobby und zeigte verschiedene Sterne. Alle waren begeistert und wollten gerne einige kaufen. So gab ich Heidi den Auftrag, doch bis Weihnachten für jede Klassenkameradin fünf Stück anzufertigen. Sie schaffte es – zum Glück arbeitete sie immer auf Vorrat – und schickte mir fünfzig Sterne; gut verpackt in Seidenpapier zwischen Pappdeckeln. Ich hatte vorher schon flache Schachteln gesammelt und mit Weihnachtspapier beklebt, in die ich nun jeweils fünf Sterne hineinlegen und zum Preis von zehn D-Mark weitergeben konnte. So hatte ich bald hundert D-Mark zusammen. Ich legte noch etwas dazu und kaufte meiner Nichte eine gute Armbanduhr. Wir waren alle sehr froh, dass das Weihnachtspaket unbeschadet die Kontrolle passierte. Heidi konnte es kaum fassen, dass sie solch ein wertvolles Geschenk bekam. Dabei hatte sie es sich letztendlich doch selbst verdient! Die Uhr, Lohn zahlreicher Strohsternstunden, trägt meine Nichte heute noch.

Anneliese Linsen: Lohn vieler Strohsternstunden
(Oberhausen, Ruhrgebiet/Doberlug-Kirchhain, Niederlausitz/DDR, 1975)

Springerle: der stilvolle Christbaumbehang

In Süddeutschland, vor allem in Schwaben, gehörten Springerle früher an jeden Christbaum. Ihre weiße Farbe stach zwischen dem bunten Schmuck hervor und verlieh ihm ein besonders festliches Aussehen. Natürlich durften sie im Laufe der Feiertage auch vom Baum genascht werden und auf den Plätzchentellern nicht fehlen. Für die Herstellung benötigt man Holzmodeln, die meist über Generationen vererbt wurden. Heute findet man ein breites Angebot auf Weihnachts- oder Antikmärkten oder auch im Internet.

Zutaten

* 4 Eier (Zimmertemperatur)
* 500 g Puderzucker
* 500 g gesiebtes Mehl
* 1 Prise Salz
* 1 Msp. Hirschhornsalz
* 2 EL Anissamen

Holzmodeln
nach Belieben

Zubereitung

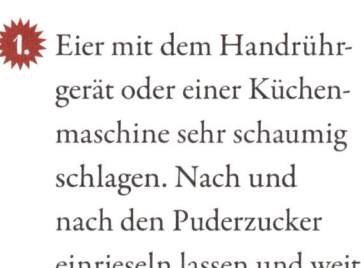

1. Eier mit dem Handrührgerät oder einer Küchenmaschine sehr schaumig schlagen. Nach und nach den Puderzucker einrieseln lassen und weiter schlagen, bis die Masse heller und luftig wird.

2. Mehl, Salz, Hirschhornsalz und Anissamen hinzufügen und zu einem glatten Teig verkneten. Der Teig sollte weich, aber nicht klebrig sein. Falls nötig, noch etwas Mehl hinzufügen.

3. Den Teig auf einer bemehlten Arbeitsfläche ca. 1 cm dick ausrollen.

4. Ein Holzmodel leicht mit Mehl bestäuben und in den Teig drücken, um das Muster zu übertragen.

5. Die ausgestochenen Springerle vorsichtig auf ein mit Backpapier ausgelegtes Backblech legen und über Nacht trocknen lassen. Das ist wichtig, um die charakteristische Oberfläche zu erhalten.

6. Nach dem Trocknen die Springerle im vorgeheizten Backofen bei 150 °C Ober- und Unterhitze für etwa 15–20 Minuten backen, bis die charakteristischen „Füßchen" an der Unterseite hellbraun sind. Oben sollten die Springerle weiß bleiben.

Wenn die Springerle als Christbaumschmuck dienen sollen, direkt nach dem Backen mit einem Schaschlickspieß ein kleines Loch für die Aufhängung stechen, dann vollständig abkühlen lassen und in einer luftdichten Dose aufbewahren. Wer die Springerle auch essen möchte, sollte sie ca. vier Wochen vor Verzehr backen, denn diese Zeit brauchen sie, um weich zu werden.

O Tannenbaum

O Tannenbaum, o Tannenbaum,
wie grün sind deine Blätter!
Du grünst nicht nur zur Sommerzeit,
nein, auch im Winter, wenn es schneit.
O Tannenbaum, o Tannenbaum,
wie grün sind deine Blätter!

O Tannenbaum, o Tannenbaum,
du kannst mir sehr gefallen!
Wie oft hat schon zur Weihnachtszeit
ein Baum von dir mich hoch erfreut!
O Tannenbaum, o Tannenbaum,
du kannst mir sehr gefallen!

O Tannenbaum, o Tannenbaum,
dein Kleid will mich was lehren:
Die Hoffnung und Beständigkeit
gibt Trost und Kraft zu jeder Zeit!
O Tannenbaum, o Tannenbaum,
dein Kleid will mich was lehren!

Gedichte lernen, Weihnachtslieder üben und das Krippenspiel proben

Die Adventszeit war für uns Kinder nicht nur eine Zeit, in der wir uns stundenlang im Schnee austobten und köstlichen Plätzchenteig naschten. Nein, wir hatten auch zur Gestaltung des Heiligabends beizutragen. Je nach Begabung und Alter lernten wir weihnachtliche Gedichte auswendig, selbst die Kleinsten sollten schon mindestens einen Vierzeiler hinbekommen. Diejenigen von uns, die ein Instrument spielten, übten auf dem Klavier, der Geige, dem Akkordeon, der Blockflöte oder der Gitarre Weihnachtslieder und meist auch klassische oder Volksmusikstücke ein. Der Heiligabend hatte bei vielen von uns auch den Charakter einer Aufführung. Wir hatten ziemliches Lampenfieber und waren froh, wenn wir alles gut über die Bühne gebracht hatten. Denn dann kam die lang ersehnte Bescherung.

Einige von uns probten vielleicht auch für das Krippenspiel in der Schule oder Gemeinde. Meist wurde es am Nachmittag des Heiligabends oder ein paar Tage davor aufgeführt. Je nach Rolle mussten wir richtig viel Text pauken. Aber wenn wir dann als Engel, Hirten oder gar als heilige Maria oder Josef auf der Bühne standen, waren alle Mühen vergessen und wir mächtig stolz, Teil der Weihnachtsgeschichte zu sein.

Zimtsterne

Zimtsterne sind der aromatische Klassiker unter dem Weihnachtsgebäck. Sie erfordern aber etwas Geduld, denn der Teig ist sehr klebrig und sie sollten mehr getrocknet als gebacken werden, um weich zu bleiben.

Zutaten

* 3 Eiweiß
* 1 Prise Salz
* 250 g Puderzucker
* Abrieb und Saft von 1/2 unbehandelten Zitrone
* 300 g ungeschälte, gemahlene Mandeln
* 1 EL Zimt

Zubereitung

1. Die Eiweiße mit 1 Prise Salz sehr steif schlagen, nach und nach den Zucker einrieseln lassen und den Zitronen-abrieb und -saft hinzugeben. Eine Tasse der Masse für später zum Glasieren beiseitestellen.

2. Mandeln und Zimt vorsichtig unter die steifgeschlagenen Eiweiße heben, bis ein gleichmäßiger Teig entsteht.

3. Den Teig auf einer mit Puderzucker bestäubten Arbeitsfläche ca. 1 cm dick ausrollen.

4. Sterne ausstechen (Förmchen immer wieder in Wasser tauchen, da der Teig sehr klebrig ist), auf ein mit Backpapier ausgelegtes Backblech legen und mit der Glasur bestreichen.

5. Vor dem Backen die Zimtsterne antrocknen lassen.

6. Im vorgeheizten Backofen bei höchstens 140 °C Ober- und Unterhitze für ca. 10–12 Minuten auf der mittleren Schiene backen. Die Glasur sollte weiß bleiben.

Bis zum Verzehr in einer luft-dichten Dose aufbewahren.

Heiligabend

Am Heiligabend standen die Eltern noch den ganzen Tag im Geschäft. Die Kunden kauften fast den Laden leer, als wäre heute die letzte Gelegenheit und es würde nach Weihnachten nichts mehr geben. Wir Kinder versteckten uns hinter einem Regal und hatten unseren Spaß, die Leute zu beobachten. Eigentlich durften wir nicht in den Verkaufsraum. Oma sagte: „Kinder im Geschäft sehen nicht gut aus." „Guck mal", flüsterte Christel, „der Hut der Elli Augsen sieht wie eine Kompottschüssel aus." – Wenn ich dann zu laut lachte, wurden wir alle rausgeworfen.

Dieser Tag schien für uns der längste des Jahres zu sein, es war, als wollten die Zeiger der Uhr überhaupt nicht weiterrücken. Vor lauter Langeweile zogen wir Kinder zu Oma Lienchen. Das war die Oma, die mit Opa fünf Häuser weiter wohnte. Opa hieß einfach Opa, denn wir hatten nur noch einen. Weil es damals noch kein Fernsehen gab, saßen Oma Lienchen und Opa den ganzen Tag am Fenster und schauten auf die Straße. Wir setzten uns dazu und spielten mit ihnen Autos zählen. Die Mädchen bekamen die Autos, die in die eine Richtung fuhren, die Jungen die in die andere. Wer die meisten Autos hatte, war der Gewinner. Da heute, am Heiligabend, wenig Verkehr war, wurde dieses Spiel bald uninteressant.

Wenn endlich der letzte Kunde „Fröhliche Weihnachten, Frau Schubert!" gewünscht hatte und gegangen war, mussten die Eltern und Oma noch Kasse machen, aufräumen und den Fußboden wischen. Dann rochen die Dielen nach nassem Staub, ein Geruch, den ich noch heute mag. War alle Arbeit getan, durften wir unsere Sonntagskleidung anziehen. Den Jungen wurde der Scheitel neu gezogen, uns Mädchen wurden die Zöpfe geflochten. Nun hieß es nur noch auf Oma Lienchen und Opa warten.

aus: Karin Dersch: Der längste Tag des Jahres (Berlin-Friedrichsfelde, 1951–1955)

Warten auf das Christkind

Nur noch einmal schlafen – und dann war er da: der Heiligabend. Die gesamte Adventszeit fieberten wir schon diesem Höhepunkt des Jahres entgegen. Aber die Stunden vor der Bescherung am Abend zogen sich wie Kaugummi. Obwohl es natürlich noch allerhand zu tun gab, vor allem für die Großen. Der Weihnachtsbaum wurde ins Wohnzimmer geholt und geschmückt, meist von den Eltern und ohne uns. Denn der Blick ins Weihnachtszimmer war vor der Bescherung strengstens verboten. Das Christkind oder der Weihnachtsmann sollten ihre Arbeit ganz in Ruhe erledigen können. Unsere Neugier wuchs dadurch natürlich immer mehr. Wir brauchten wirklich eine Engelsgeduld. Aber es half nichts. Wir mussten uns bis zur Bescherung beschäftigen. Einige von uns halfen der Mutter bei den letzten Vorbereitungen des Festmahls, andere verbrachten den Nachmittag beim Spielen bei den Großeltern oder Tanten und Onkeln. Vielleicht besuchten wir mit den Erwachsenen auch das örtliche Alters- oder Bedürftigenheim, um als Zeichen der Nächstenliebe den Armen und Einsamen eine Weihnachtsfreude zu bereiten.

Ab den 1960er und 1970er Jahren liefen dann glücklicherweise an Heiligabend besondere Filme im Fernsehen, zum Beispiel *Drei Haselnüsse für Aschenbrödel*, *Weihnachten bei Hoppenstedts*, *Michel aus Lönneberga*, *Pippi Langstrumpf* oder *Sissi*, denen wir gebannt folgten und die uns die Wartezeit verkürzten. Am Nachmittag stand dann in vielen Familien das obligatorische Weihnachtsbad an, nach dem wir unsere Sonntagskleider anziehen durften. Danach ging es für viele zur Christvesper und vielleicht hatten wir auch noch unseren Auftritt beim Krippenspiel in der Gemeinde.

Auf dem Land gab es auch für die Tiere in Hof und Wald besonderes Futter wie Haferstroh oder Äpfel und der Stall und das Haus wurden mit Weihrauch und Kräutern geräuchert, um göttlichen Schutz und Segen zu erbitten. Als es langsam dämmerte und wir zurück im Warmen waren, hatte das Warten schließlich ein Ende. Bald würde das Glöckchen erklingen und die Bescherung verkünden.

Denkt euch, ich habe das Christkind gesehen!
Es kam aus dem Walde, das Mützchen voll Schnee,
mit rotgefrorenem Näschen.

Die kleinen Hände taten ihm weh,
denn es trug einen Sack, der war gar schwer,
schleppte und polterte hinter ihm her.

Was drin war, möchtet ihr wissen?
Ihr Naseweise, ihr Schelmenpack –
denkt ihr, er wäre offen, der Sack?

Zugebunden bis oben hin!
Doch war gewiss etwas Schönes drin!
Es roch so nach Äpfeln und Nüssen!

Anna Ritter (1865–1921)

Denn euch ist heute der Heiland geboren – Christvesper und Christmette

Ein Heiligabend ohne Kirchgang war in unserer Kindheit nicht vorstellbar, auch in sonst nicht besonders religiösen Familien war der Besuch der Christvesper oder -mette fester Bestandteil des 24. Dezembers. Der wahre Kern von Weihnachten, die Geburt Christi, war damals noch deutlich wichtiger als heutzutage.

In protestantischen Gegenden ging man zumeist zur Christvesper, die schon am späteren Nachmittag des Heiligabends stattfand. Neben festlicher Weihnachtsmusik und dem Vortragen der Weihnachtsgeschichte aus dem Lukasevangelium im Gottesdienst gab es oft auch ein Krippenspiel, das die Kinder der Gemeinde aufführten. Vielleicht hatten wir ja selbst eine Rolle darin; dann war es natürlich nochmal viel aufregender.

Nachmittags war in manchen Familien auch ein Besuch auf dem Friedhof obligatorisch. Durch den Schnee ging es zum Familiengrab – meist mit den Großeltern, denn die Eltern bereiteten ja das große Fest vor – und an einem kleinen mitgebrachten Weihnachtsbäumchen, das das Grab schmücken sollte, zündeten wir die Lichter an. Es war eine besondere Stimmung, denn viele Familien hatten im Krieg liebe Menschen verloren, derer wir nun gedachten. Wir begegneten dort in den Nachkriegsjahren auch vielen Witwen, die Weihnachten alleine verbringen mussten und noch keine soziale Unterstützung erfuhren wie heute.

Für die Katholiken gab es zwar auch Weihnachtsgottesdienste am Nachmittag, die Kindermetten, aber traditionell ging man nach der Bescherung zur Christmette, die früher wirklich erst um 12 Uhr nachts anfing. Manche von uns wurden schon mit elf oder zwölf Jahren zur Christmette mitgenommen und bei vielen hat sie einen bleibenden Eindruck hinterlassen: der duftende Weihrauch, die stimmungsvollen Weihnachtslieder, der Christbaum, dessen Lichter am Ende der Messe in der dunklen Kirche entzündet wurden. Es war eine wahrhaftig heilige und feierliche Stimmung.

Spät in der Nacht, als wir unsere Weihnachtsteller schon gründlich geplündert hatten, marschierten wir gemeinsam zur Kirche, von deren Turm bereits alle Glocken läuteten und in der um Mitternacht die Christmette beginnen sollte. Meine Schwester und ich gingen nach vorn zu den Kinderbänken, wo schon viele Jungen und Mädchen versammelt waren und leise tuschelnd von ihren Weihnachtsgeschenken berichteten. Die Kirche war festlich geschmückt, große Tannenbäume mit unzähligen brennenden Kerzen standen rechts und links neben dem Altar. Die Fahnen aller christlichen Vereine wurden von den Trägern hochgehalten und bei der Wandlung feierlich gesenkt. Der alte Organist legte sein ganzes Können darein, die Orgel wie einen Sturmwind brausen zu lassen. Es wurden viele Weihnachtslieder gesungen und ich sang voller Inbrunst mit, so laut ich nur konnte. Eine große Anzahl Messdiener, in feierliche Gewänder gekleidet, waren dem Pastor bei der Messfeier behilflich und ich wünschte mir, später auch einer von ihnen zu werden.

Es gab einen kleinen Zwischenfall, als einer der Fahnenträger mit der Fahne der Kolpingsfamilie plötzlich begann, vor- und zurückzuschwanken, um dann samt Fahne in Richtung der Weihnachtsbäume zu taumeln, wo er zusammenbrach. Die warme Luft der Heizung, die über einen Gitterrost im Fußboden, auf dem die Fahnenträger standen, in den Kirchenraum geblasen wurde, war sicherlich schuld an diesem wenig weihnachtlichen Spektakel. Nach der Christmette blieben viele noch ein wenig vor der Kirche stehen und wünschten allen Bekannten, Verwandten und Freunden eine „Frohe und gesegnete Weihnacht".

aus: Heinz Hellmich: Mein schönstes Weihnachtsfest
(Bad Fredeburg im Hochsauerland, 1945/1946)

Am Weihnachtsbaum die Lichtlein brennen

Das Christkind oder der Weihnachtsmann hatten schon Geschenke unter den Baum gelegt. Ob unsere Wünsche sich wohl erfüllen würden? Aber wir mussten uns noch gedulden mit dem Auspacken. Davor sangen wir alle zusammen Weihnachtslieder: *O du fröhliche, Es ist ein Ros entsprungen* und auf jeden Fall *Stille Nacht*. Oma sang voller Inbrunst, aber wie immer total falsch. Wir mussten uns das Lachen mühevoll verkneifen.

Klingelingeling – das sanfte Läuten des Weihnachtsglöckchens ertönte und das lange Warten hatte ein Ende. Jetzt war sie endlich da, die lange herbeigesehnte Bescherung. Die Tür zum Weihnachtszimmer wurde von den Eltern geöffnet und wir durften es nun betreten. Was für eine Pracht! Da stand der reich geschmückte Weihnachtsbaum. Die Wachskerzen brannten und tauchten den Raum in ein festliches Licht. Ehrfurchtsvoll und andächtig bestaunten wir ihn. Jetzt war Weihnachten, das spürten wir ganz genau.

Vielleicht begleiteten wir die Familie auch auf unserem Instrument beim Singen oder wir führten mit unseren Geschwistern unser einstudiertes Weihnachtskonzert vor. Manche von uns sagten ihre fleißig auswendig gelernten Weihnachtsgedichte auf. Danach las in vielen Familien meist der Vater die Weihnachtsgeschichte aus dem Lukasevangelium vor.

Für die Glücklichen unter uns, bei denen das Weihnachtsessen erst nach der Bescherung stattfand, war jetzt endlich die Zeit für die Bescherung gekommen. Wir bekamen unsere Geschenke und überreichten unsere kleinen Werke an die Eltern und Großeltern. Darauf waren wir mächtig stolz und es war fast genauso schön, wie unsere Geschenke auszupacken.

Christkind oder Weihnachtsmann?

In den überwiegend katholischen Gebieten in Süd- und Westdeutschland kommt heute das Christkind, in den protestantisch geprägten Gegenden in Nord- und Ostdeutschland eher der Weihnachtsmann. Das war aber nicht immer so. Denn ursprünglich war das Christkind eine Erfindung von Martin Luther, der ein Gegengewicht zur katholischen Heiligenverehrung setzen wollte. Damals brachte nämlich ausschließlich der Heilige Nikolaus am 6. Dezember die Geschenke. Im Laufe der Zeit setzte sich das Christkind aber zunehmend bei den Katholiken durch und die Protestanten hielten sich an den gar nicht religiösen Weihnachtsmann. Der war früher ein strenger, tadelnder Mann im Pelzmantel und erst im 20. Jahrhundert wurde er zum freundlichen, rotgewandeten Opa mit Rauschebart – eine Erfindung von Coca-Cola, um auch im Winter die Brause verkaufen zu können.

Die Weihnachtsgeschichte aus dem Lukasevangelium

In jenen Tagen erließ Kaiser Augustus den Befehl, alle Bewohner des Reiches in Steuerlisten einzutragen. Dies geschah zum ersten Mal; damals war Quirinius Statthalter von Syrien. Da ging jeder in seine Stadt, um sich eintragen zu lassen. So zog auch Josef von der Stadt Nazaret in Galiläa hinauf nach Judäa in die Stadt Davids, die Betlehem heißt; denn er war aus dem Haus und Geschlecht Davids. Er wollte sich eintragen lassen mit Maria, seiner Verlobten, die ein Kind erwartete.

Als sie dort waren, kam für Maria die Zeit ihrer Niederkunft und sie gebar ihren Sohn, den Erstgeborenen. Sie wickelte ihn in Windeln und legte ihn in eine Krippe, weil in der Herberge kein Platz für sie war.

In jener Gegend lagerten Hirten auf freiem Feld und hielten Nachtwache bei ihrer Herde. Da trat der Engel des Herrn zu ihnen und der Glanz des Herrn umstrahlte sie. Sie fürchteten sich sehr, der Engel aber sagte zu ihnen: Fürchtet euch nicht, denn ich verkünde euch eine große Freude, die dem ganzen Volk zuteil werden soll: Heute ist euch in der Stadt Davids der Retter geboren; er ist der Messias, der Herr. Und das soll euch als Zeichen dienen: Ihr werdet ein Kind finden, das, in Windeln gewickelt, in einer Krippe liegt.

Und plötzlich war bei dem Engel ein großes himmlisches Heer, das Gott lobte und sprach: Verherrlicht ist Gott in der Höhe und auf Erden ist Friede bei den Menschen seiner Gnade. Als die Engel sie verlassen hatten und in den Himmel zurückgekehrt waren, sagten die Hirten zueinander: Kommt, wir gehen nach Betlehem, um das Ereignis zu sehen, das uns der Herr verkünden ließ. So eilten sie hin und fanden Maria und Josef und das Kind, das in der Krippe lag.

Als sie es sahen, erzählten sie, was ihnen über dieses Kind gesagt worden war. Und alle, die es hörten, staunten über die Worte der Hirten.

Maria aber bewahrte alles, was geschehen war, in ihrem Herzen und dachte darüber nach.

Die Hirten kehrten zurück, rühmten Gott und priesen ihn für das, was sie gehört und gesehen hatten; denn alles war so gewesen, wie es ihnen gesagt worden war.

Lukas 2,1–14

Wir warteten auf das Ertönen des Glöckchens, weil dann das Christkind dagewesen war und nun endlich die Bescherung begann. In der Küche stand der wunderschön geschmückte Weihnachtsbaum mit silbernen Kugeln, silbern glitzerndem Lametta und vielen brennenden Kerzen und es duftete, wie es nur Weihnachten duften kann. Unsere Mutter las aus der Bibel die Geschichte der Geburt des Christkindes vor und dann wurde „Stille Nacht, heilige Nacht" gesungen. Aber ich konnte mich spätestens bei der zweiten Strophe schon nicht mehr auf den Text konzentrieren, weil ich nur zum Weihnachtsbaum schielte, unter dem geheimnisvolle Päckchen lagen. Die wickelte ich ungeduldig aus und riss dabei vor lauter Aufregung das schöne Papier kaputt. Es kamen lauter herrliche Dinge zum Vorschein: ein dicker Pullover, ein Paar Strümpfe, ein Malbuch mit Buntstiften und eine kleine Schachtel mit Zinnsoldaten.

aus: Heinz Hellmich: Mein schönstes Weihnachtsfest,
(Bad Fredeburg im Hochsauerland, 1945/1946)

Nachdem Oma Lienchen und Opa ihre Mäntel ausgezogen hatten, stellten wir uns alle vor dem Weihnachtszimmer auf. Dann war es endlich soweit und das kleine Glöckchen erklang. Manchmal spielte Vater auch auf der Flöte „Ihr Kinderlein kommet". Langsam zogen wir in das Weihnachtszimmer ein. Ich hielt mir die Augen zu, um den süßen Moment, auf den ich so lange gewartet hatte, noch etwas zu verzögern. Laut konnte man uns hören „Oh!" und „Ah!". Wie herrlich war doch der Weihnachtsbaum geschmückt, viel schöner als vor einem Jahr! In der Ecke stand die Weihnachtskrippe. Und erst die Geschenke!

Nun sahen wir, was Vater an den Wochenenden im Keller gemacht hatte: Für jedes Mädchen hatte er eine Puppenstube gebaut. Eines der Zimmer hatte ein Eckfenster, das andere einen Erker, in dem ein Flügel stand. Die Jungen bekamen ein Kasperletheater geschenkt, das Vater ebenfalls selbst gefertigt hatte, die Kulisse hatte ein richtiger Künstler gemalt. Lange standen wir staunend vor den Geschenken. Bevor wir damit spielen durften, las Vater uns die Weihnachtsgeschichte vor und anschließend sangen wir noch Weihnachtslieder. Danach gab es Kartoffelsalat mit Würstchen, Knüppel mit Hackepeter und Tee.

aus: Karin Dersch: Der längste Tag des Jahres (Berlin-Friedrichsfelde, 1951–1955)

Am Hl. Abend führte er mich an das große Fenster im Büro, um nach dem Christkind Ausschau zu halten. Als er (nicht ich!) einen hellen Schein gesehen hatte, läutete das Weihnachtsglöckchen im „schönen Zimmer", das Christkind war da. Es brannten nur die vielen Kerzen am Baum, es war so feierlich, dass ich fast eine Gänsehaut gekriegt hätte. Es passte alles so schön zusammen, der leuchtende Baum, die geschnitzten Engelsköpfe auf den Stuhllehnen und den Seitenpolstern des Sofas und der weiche Samt der Sitzmöbel. [...] Alle Jahre bekam ich von Onkel Josef eine große Puppe, die hatte einen Kopf voller Locken und ein elegantes Kleid. Das Geschenk war wohl jährlich nötig, weil die Puppe bis zum Jahresende nicht mehr so schön aussah. Meine Mama erhielt jedes Jahr immer 2 Romanbücher und eine Schachtel mit 3 Stück Maiglöckchenseife. Das Festtagsessen: Gans, Knödel und eine Riesenschüssel Selleriesalat schmeckte allen ausgezeichnet.

Franziska Schmid: Weihnachtserinnerung (Heilsbronn, ca. 1920)

Weihnachten

Markt und Straßen stehn verlassen,
still erleuchtet jedes Haus,
sinnend geh ich durch die Gassen,
alles sieht so festlich aus.

An den Fenstern haben Frauen
buntes Spielzeug fromm geschmückt,
tausend Kindlein stehn und schauen,
sind so wunderstill beglückt.

Und ich wandre aus den Mauern
bis hinaus ins freie Feld,
hehres Glänzen, heilges Schauern!
Wie so weit und still die Welt!

Sterne hoch die Kreise schlingen,
aus des Schnees Einsamkeit
steigts wie wunderbares Singen –
o du gnadenreiche Zeit!

JOSEPH VON EICHENDORFF
(1788–1857)

Bauklötzchen, Handschuhe und Plätzchenteller: Geschenke bis in die 70er Jahre

Das Schönste an Heiligabend sind für Kinder natürlich die Geschenke. Das war in unserer Kindheit nicht anders. In den Kriegs- und Nachkriegsjahren fiel die Bescherung nach heutigen Maßstäben ziemlich karg aus. Wir freuten uns aber von ganzem Herzen über Selbstgenähtes oder -gebasteltes von unseren Eltern: neue Kleidchen für unsere Puppe oder eine von Vater gezimmerte Wiege oder ein Spielzeugauto aus Holzresten. Dazu gab es immer auch noch praktische Kleidung: warme Socken, einen Schal oder Handschuhe. Die Winter waren kalt.

Ab den späten 50er und 60er Jahren wurden die Zeiten besser, die Väter hatten wieder Arbeit und man konnte Spielzeug nun in Hülle und Fülle kaufen. Und so wurden auch unsere Wünsche größer und sie wurden in der Regel auch erfüllt. Lego, Barbies, eine Carrera-Bahn oder ein schickes Bonanza-Rad standen nun ganz oben auf den Wunschzetteln. In der DDR

waren die Spielzeug-Nähmaschine „Michaela" oder der Modellbausatz „Wostok-1" des Raumschiffs von Yuri Gagarin sehr begehrt.

Bis in die 70er Jahre durfte aber in Ost wie West ein Geschenk nicht fehlen: der bunte Teller. Jetzt durften wir endlich nach Lust und Laune die vorher so sorgsam versteckten Plätzchen und Süßigkeiten ganz offiziell von unserem Weihnachtsteller naschen.

═ Filmtipps ═

Weihnachten im Norddeutschland der Nachkriegszeit
☞ NDR Doku, YouTube

Lametta und lange Haare – Weihnachten in den 70ern
☞ SWR, YouTube

Weihnachten in der DDR
Video auf ☞ www.ddr-museum.de

KAUFHAUS PETRA EBERLEIN

Olly
DER KLEINE BAUMEISTER

Enid Blyton
HANNI
UND
NANNI sind immer dagegen

Goldenes
Schneider-Buch

103

Was der Weihnachtsmann so brachte

Jedes Jahr überraschte mich das Christkind mit wunderschönen Geschenken. Ich war etwa fünf, als ein Kaufladen auf dem Gabentisch stand. Er beinhaltete alles, was sich ein Kinderherz nur wünscht: kleine Schinken und Würste, Obst der verschiedensten Sorten. Diese Dinge waren aus Gips, naturgerecht bemalt. In den Schubfächern mit der Aufschrift „Reis", „Mehl", „Zucker", „Grieß" und anderem befanden sich Leckereien wie Zuckerperlen und Rosinen. Kleine Einkaufstüten lagen bereit zum Verpacken der Ware. Auch eine kleine Waage und eine Kasse fehlten nicht. Sicher wäre es für meine Mutter eine Freude gewesen, in der Realität aus solch einer Fülle im Angebot einkaufen zu können. Jedes Jahr aufs Neue freute ich mich auf meinen Kaufladen, der im Frühjahr auf dem Boden verschwand und zu Weihnachten frisch gefüllt wieder erschien. Besondere Freude bereitete das Spiel, wenn meine Spielkameraden zu Besuch kamen.

Eine weitere Überraschung bereitete mir der langersehnte Kochherd, den ich zu meinem sechsten Weihnachtsfest auf dem Gabentisch fand. Wie lange hatte ich ihn mir schon gewünscht, da ich immer nur Omas Fußbank als Herd für meine Puppenkinder nutzen konnte. Nun stand dieser Kochherd mit Töpfen und Pfannen auf dem Gabentisch. Ich staunte ihn nur mit offenem Mund an. Als meine Mutter dann nach einem Weilchen fragte: „Christinchen, was ist denn das?", gab ich zur Antwort: „Ein Radio." Meine Mutter war sprachlos, damit hatte sie nun nicht gerechnet. Nach wenigen Minuten entschied ich mich dann aber doch dafür, dass es ein Kochherd ist, und begann, meinen Puppenkindern ein Mahl zu bereiten.

aus: Christina Telker: Winterwunderland (Bad Freienwalde, Brandenburg/DDR, 1952–1958)

Ein ganz besonderes Festmahl

Würstchen mit Kartoffelsalat – norddeutsch mit Mayonnaise und süddeutsch mit Brühe, Essig und Öl angemacht – ist bis heute in vielen Familien der absolute Klassiker unter den Gerichten an Heiligabend. Heute ist es wahrscheinlich eher aus praktischen und traditionellen Gründen beliebt, in unserer Kindheit aber war es ein wahres Festmahl. Fleisch gab es nur selten und nach der mehr oder weniger strengen Fastenzeit im Advent konnten wir uns nichts Leckereres vorstellen. In manchen Regionen gab es an Heiligabend auch gerne Fisch, zum Beispiel Salzheringe oder Karpfen blau. Denn eigentlich war der 24. Dezember noch ein Fastentag, der erst nach der Christmette endete. In stark katholisch geprägten Familien wurde bis dahin höchstens Vegetarisches verspeist. Gebrochen wurde das Fasten im ländlichen Süddeutschland dann mit der sog. Mettensuppe, einer kräftigen Fleischbrühe mit Würsten.

An den Weihnachtsfeiertagen bog sich dann aber der Tisch, auch in Zeiten, in denen wir noch wenig hatten. Zumal bei vielen von uns mehr oder weniger geliebte Verwandtschaftsbesuche bei Onkeln und Tanten oder auswärts wohnenden Großeltern anstanden. Die wollten sich natürlich auch nicht lumpen lassen und tischten ordentlich auf: von Ente oder Gans mit Klößen und Rotkraut, Schweinebraten mit Knödeln bis Rehrücken.

... auch für Butzi gab es zur Feier des Tages ein Würstchen!

In den 1970er Jahren wurden dann damals sehr moderne Gerichte wie Raclette oder Fondue beliebt. Spargelröllchen, russische Eier oder Lachsbrötchen mit dem knallroten Lachsersatz dienten als Vorspeisen. Als Nachspeise gab es meist die vielen Plätzchen, die man jetzt ja zum ersten Mal kosten durfte.

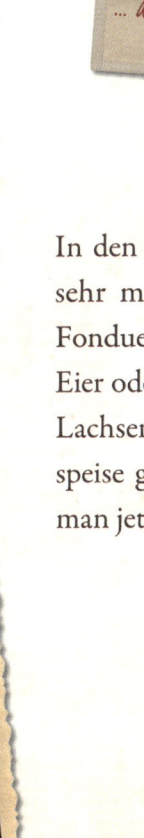

Stille Nacht, heilige Nacht

Stille Nacht, heilige Nacht!
Alles schläft, einsam wacht
nur das traute hochheilige Paar.
Holder Knabe im lockigen Haar,
schlaf in himmlischer Ruh!
Schlaf in himmlischer Ruh!

Stille Nacht, heilige Nacht!
Gottes Sohn, o wie lacht
Lieb aus deinem göttlichen Mund,
da uns schlägt die rettende Stund'.
Christ, in deiner Geburt!
Christ, in deiner Geburt!

Stille Nacht, heilige Nacht!
Hirten erst kundgemacht,
durch der Engel Halleluja
tönt es laut von ferne und nah:
Christ, der Retter, ist da!
Christ, der Retter, ist da!

Meine Erinnerungen an die Adventszeit und Heiligabend

Textnachweis:

Erika Arnholdt: Adventszeit, Unvergessene Weihnachten, Bd. 11, Zeitgut Verlag, 2016, S. 11
Karin Dersch: Der längste Tag des Jahres, Unvergessene Weihnachten, Doppelband 2, Zeitgut Verlag, 2009, S. 88, 98/99
Hans Engels: Die Steinkrippe, Unvergessene Weihnachten, Doppelband 3, Zeitgut Verlag, 2011, S. 33–35
Maria Ferschl, Heinrich Rohr: Wir sagen euch an den lieben Advent (Auszug), Nr. 223, aus: Gotteslob, Katholisches Gebet- und Gesangbuch, © 2013 Verlag Herder GmbH, Freiburg i. Br., S. 17
Heinz Hellmich: Mein schönstes Weihnachtsfest, Unvergessene Weihnachten, Doppelband 2, Zeitgut Verlag, 2009, S. 30, 93, 98
Petra Horn: Familien-Nikolausfest, Unvergessene Weihnachten, Bd. 12, Zeitgut Verlag, 2016, S. 23
Margret Krah: Unser alter Kinderschlitten, Unvergessene Weihnachten, Doppelband 3, Zeitgut Verlag, 2011, S. 42/43
Anneliese Linsen: Lohn vieler Strohsternstunden, Unvergessene Weihnachten, Bd. 9, Zeitgut Verlag, 2013, S. 76/77
Birgit Schaube: Der blaue Pelikan, Unvergessene Weihnachten, Doppelband 3, Zeitgut Verlag, 2011, S. 22, 26, 53, 64/65
Franziska Schmid: Weihnachtserinnerung, Rechte bei Gisela Stanka, S. 99
Bernadette Schnüttgen: Lametta und Strohsterne, Unvergessene Weihnachten, Doppelband 3, Zeitgut Verlag, 2011, S. 70/71
Christina Telker: Winterwunderland, Unvergessene Weihnachten, Bd. 12, Zeitgut Verlag, 2016, S. 30, 46, 105

Bildnachweis:

Cover: Fotos: Bettmann/Getty Images; picture alliance: /dpa/PA, /ZB/ddrbildarchiv;
Dekoelemente und Rahmen: Shutterstock.com: Andrey_Kuzmin, Buturlimov Pavlo, Krasovski Dmitri, Nataliia K, Yana Fefelova; stock.adobe.com: Amy Lv, Natalia Greeske, Konstiantyn, ChristArt
Hintergrund: Lukasz Szwaj/Shutterstock.com

Innenteil: picture alliance: im Folgenden (PA); stock.adobe.com: im Folgenden (A); Shutterstock.com: im Folgenden (S);
Fotos: S. 2, 103 PA/arkivi; S. 2, 47 PA/Klaus Karich; S. 2, 103 PA/Timeline Images/keberlein; S. 2, 13, 43 PA/United Archives/Werner Otto; S. 2, 25, 31, 75, 103 PA/dpa-Zentralbild/Berliner Verlag; S. 2 PA/VisualEyze/United Archives; S. 2, 69 PA/ullstein bild/Zubler; S. 2, 37 PA/dpa/Lothar Heidtmann; S. 2 PA/Timeline Images/Fremmer; S. 2, 24 Alexander Prokopenko/S; S. 2 Smolina Marianna/S; S. 6 irinaneva/S; S. 10, 49, 63 PA/Oscar Poss; S. 10, 53 PA/Heinz Bogler; S. 12 PA/dpa/Heiko Wolfraum; S. 12 PA/Helga Lade Fotoagentur GmbH, Ger/Kurt Röhrig; S. 12 PA/dpa/Daniel Karmann; S. 14 Simone/A; S. 14 Spalnic/S; S. 15 PA/CHROMORANGE/Ernst Weingartner; S. 15, 65 PA/dpa; S. 16 PA/imageBROKER/Bernhard Schmerl; S. 19 tomertu/S; S. 22 Everett Collection/S; S. 22 PA/Günter Bratke; S. 24 Alexander Prokopenko/S; S. 27 PA/dpa/Karl Schnörrer; S. 32 PA/Helga Lade Fotoagentur GmbH, Ger/Josef Ege; S. 32 Uwe/A; S. 36 scerpica/A; S. 38 Privatarchiv Eva-Maria Lieb; S. 39 PA/Roland Witschel; S. 39 PA/ Wilhelm Bertram; S. 40, 106 Elzbieta Sekowska/S; S. 41 Kerstin/A; S. 42 Privatarchiv Lothar Stanka; S. 44, 80 PA/Mary Evans Picture Library; S. 44 Ingairis/A; S. 44, 54, 57 PA/Presse-Bild-Poss/Oscar Poss; S. 47 PA/Irmgard Kühn; S. 48 PA/Foodcollection; S. 52 PA/dpa/Bernhard Frye; S. 52 PA/dpa/Cornelia Gus; S. 53, 73, 90, 103, 109 PA/akg-images; S. 53 PA/dpa-Zentralbild; S. 54 PA/ATP-Bilderdienst; S. 55 Privatarchiv Hilde Weingarten; S. 56 PA/imageBROKER/J. Pfeiffer; S. 57, 59, 60, 94, 101 PA/ullstein bild; S. 59 PA/Presse-Bild-Poss; S. 62 Susiwe/A; S. 62 womue/A; S. 63 PA/Brigitta Hengstermann; S. 64 PA/Horst Ossinger; S. 69, 82 PA/ullstein bild/RDB; S. 69 PA/ZB/Berliner Verlag/Archiv; S. 70 PA/Oscar Poss/Oscar Poss; S. 71 Privatarchiv Else und Christian Etzold; S. 72 PA/imageBROKER/Franke, C.; S. 73 Privatarchiv Gisela Stanka; S. 73 Privatarchiv Monika Rauhut; S. 76 Miriam Doerr Martin Frommherz/S; S. 77 Oksana_S/A; S. 79 MariaKovaleva/S; S. 79 PA/ZB/Stefan Thomas; S. 82, 83 PA/Karl Schnoerrer; S. 85 AnaWein/S; S. 93 PA/Peter Schickert; S. 94 Privatarchiv Gisela Stanka und Günter Strobl; S. 98 PA/Heinz-Juergen Goettert; S. 99, 104 PA/ZB/ddrbildarchiv; S. 103 PA/dpa/Ruth Hoffmann; S. 103 PA/dpa/Schneider-Verlag; S. 103 PA/ZB/Rainer Oettel; S. 104 NYS/S; S. 104 PA/akg-images/Cordia Schlegelmilc; S. 104 PA/brandstaetter images/Votava; S. 104 PA/ZB/Sascha Steinach; S. 104 PA/abaca/Othoniel Patrick; S. 106 Michael C. Gray/S; S. 107 PA/ZB/Berliner Verlag/Archiv; S. 107 PA/ullstein bild/Peter Weller

Dekoelemente: S. 2, 84 Epine/S; S. 3, 7 Daria Ustiugova/S; S. 2, 31 Janna Draw/S; S. 2, 107 Pinchuk Oleksandra/S; S. 3, 4, 5, 28, 29, 50, 51, 66, 67, 87, Vor-/Nachsatz Feodora_21/A; S. 8 Romanova Ekaterina/A; S. 10, 11, 21, 22, 23, 26, 27, 46, 52, 53, 54, 55, 58, 64, 65, 72, 76, 77, 89, 94, 98, 99, 102, 105, 110, 111 Yana Fefelova/S; S. 12, 60, 61, 69, 70, 71, 89, 103, 104 Privatarchiv Gisela Stanka; S. 12, 60 Privatarchiv Karin Etzold; S. 12 Ludmila Ivaschchenko/S; S. 12 Lazhko Svetlana/S; S. 12 PumpedVisuals/A, S. 12 tashka2000/A; S. 12, 69 ABC vector/S; S. 12, 70, 74, 76, 77 Danny Smythe/S; S. 12 Buturlimov Pavlo/S; S. 13, 32, 54, 72, 81 Evgeniya Sheydt/S; S. 14 SpicyTruffel/S; S. 14, 15, 84 DianaFinch/S; S. 14, 36, 62, 79, 84 NikaYekimenko/S; S. 18 Nataleana/S; S. 20 Tatiana Ka/S; S. 20, 105 Khaneeros.T/S; S. 21 wladimka/S; S. 24, 25, 36, 48, 49 Natalya Levish/S; S. 26 Alina Osadchenko/S; S. 27, 44, 55, 69, 73, 89, 106, 107 Privatarchiv Günter Strobl; S. 30 MirabellePrintv/S; S. 30, 70, 71 Nataliia Pyzhova/A; S. 30, 31 Margarita Manish/S; S. 32, 45, 82, 95 ElenaMedvedeva/A; S. 33, 34, 35 Svitlana Yanyeva/S; S. 33 Natalia Hubbert/S; S. 37, 56, 57, 63, 78 Qualit Design/S; S. 38 Lilia/A; S. 38, 39 mimibubu/A; S. 40 DiViArt/S; S. 40 Bodor Tivadar/S; S. 41 peintre_mari/S; S. 42 Madiwaso/A; S. 47 Andrea/A; S. 47 jd-photodesign/A; S. 48 RESTOCK images/S; S. 53, 93, 98, 99 KatyaKatya/A; S. 58 leoorigami/S; S. 59 Anna Pigusova/S; S. 59, 73, 94, 108 Rusakova Halina/S; S. 60 Savvapanf Photo/S; S. 60, 61, 73, 89, 106, 107 Privatarchiv Gisela Stanka; S. 64, 65 Studio in the Wild/S; S. 65 Dvo/S; S. 65 vector_ann/S; S. 68 ldinka/A; S. 68 Sokol Nina/S; S. 72 Privatarchiv Christian Etzold; S. 74 Bigmouse108/S; S. 75 Anastasia Fables/S; S. 78 Privatarchiv Brigitte Gruber; S. 85 Maisei Raman/S; S. 86 Doremi/S; S. 88, lilett/A; S. 92 Art Houze/S; S. 92, 96, 97 Svetlana Vorotniak/S; S. 93 Elena Suhova/S; S. 95 Victorian Traditions/S; S. 96 Milena Dodig/S; S. 100 IMR/S; S. 104 Karen Perhus/S; S. 105 Zamarashka/S; S. 106 VSVeta/S; S. 107 Marharyta Kovalenko/S; S. 108 PawStudioArt/S

Rahmen u. Hintergründe: Andrey_Kuzmin/S; Atelier_Agonda/S; ddok/S; Ezhevika/S; Fourleaflover/S; IgorAleks/S; Irina Blinova/S; Karin Etzold; Krasovski Dmitri/S; lilett/A; liliya shlapak/S; Lisla/S; Liubov Illarionova/S; Lukasz Szwaj/S; lynea/S; mama_mia/S; monbibi/S; Nataliia K/S; Preto Perola/S; Romanova Ekaterina/S; showcake/S; wanchai/S; Yana Fefelova/S; Zamarashka/S; 32 pixels/A

© 2024 Pattloch Verlag
Ein Imprint der Verlagsgruppe Droemer Knaur GmbH & Co. KG, München
Bildrecherche und Gesamtgestaltung: Karin Etzold
Konzept und Text: Susanne Lieb, www.lieb-schafft.com
Gesamtherstellung: Firmengruppe APPL, aprinta druck GmbH, Wemding
Printed in Germany

ISBN 978-3-629-01057-5
www.pattloch.de
5 4 3 2 1

MIX
Papier | Fördert
gute Waldnutzung
FSC
www.fsc.org
FSC® C004592